引领优质阅读　创造美好生活

大话生涯

自我发现之旅

吴沙 著

机械工业出版社
CHINA MACHINE PRESS

本书为读者呈现了一场东方人生智慧与西方生涯元素碰撞的盛宴。它以《西游记》中的唐僧转世——唐轩臧为主角，主要讲述其穿越至明朝正统十年，与四位徒弟葛悟空（人格）、瞿悟能（兴趣）、竜敖烈（能力）和嘉悟净（价值观）重走"西游"路的故事。他们一路降妖伏魔，历经磨难，最终厘清真实自我，成就圆满人生。他们与各色妖魔鬼怪的互动，照见的是唐轩臧内在的"心魔"（即生涯发展的困境）。其实，我们每个人都是"唐僧"，都是"取经人"，而"真经"就在我们体内，我们成长的过程就是一步步战胜"心魔"，进行自我发现的过程。

本书既可作中学生、大学生及职场新人进行自我探索的读物，也可供教师及家长学习，以了解生涯规划，为孩子的成长提供支持，同时，还可作为生涯规划师的参考材料。

图书在版编目（CIP）数据

大话生涯：自我发现之旅 / 吴沙著 . — 北京：机械工业出版社，2020.6
（2020.8 重印）

ISBN 978-7-111-65587-9

Ⅰ . ①大… Ⅱ . ①吴… Ⅲ . ①大学生－职业选择 Ⅳ . ① G647.38

中国版本图书馆 CIP 数据核字（2020）第 081954 号

机械工业出版社（北京市百万庄大街22号　邮政编码 100037）
策划编辑：王淑花　张潇杰　　责任编辑：王淑花　张潇杰
责任校对：梁　倩　　　　　　　封面设计：赵　烨　吕凤英
责任印制：孙　炜
保定市中画美凯印刷有限公司印刷
2020 年 8 月第 1 版第 2 次印刷
145mm×210mm · 8.75 印张 · 3 插页 · 159 千字
标准书号：ISBN 978-7-111-65587-9
定价：59.80 元

电话服务	网络服务
客服电话：010-88361066	机 工 官 网：www.cmpbook.com
010-88379833	机 工 官 博：weibo.com/cmp1952
010-68326294	金 书 网：www.golden-book.com
封底无防伪标均为盗版	机工教育服务网：www.cmpedu.com

推荐序1

INTRODUCTION

西游之涯　明心见性

吴沙这本大作,跃上了《西游记》的舞台,在锣鼓喧天中,唱了一出"生涯选择"的精彩大戏。

对中国人来说,《西游记》是家喻户晓的古典名著,人物角色的设计与情节的安排寓意深远,叙事充满了隐喻,有谓唐僧师徒四人和白龙马对应着五行,或曰情节的纵横变化犹如儒道释的心学演绎。大导演李安说:"每个人心中都卧虎藏龙。"其实,每一位《西游记》读者的生命历程也仿佛是一场西游记,既梦幻又真实,在其中投射出自己若隐若现的性格与欲望。吴沙很善巧地提点——我们每个人都是唐三藏,这一生我们一定要认清楚内在的四个徒弟:悟空(人格)、悟能(兴趣)、敖烈(能力)和悟净(价值观),且需要通过"西游"的探索历程发现自己,成就人生。

全书以中国社会中的文史素材为经,以西方心理学底蕴的生涯元素为纬,融合了东方的诗性思维和西方的逻辑思维,精

巧地编织出《大话生涯：自我发现之旅》，穿越古今，逸趣横生。此乃生涯学术领域创新之作，是一本值得放在案头细细品味的好书。

金树人

澳门大学客座学者

台湾师范大学名誉教授

推荐序2

INTRODUCTION

奇幻之旅　发现自我

接到吴沙老师为其新书《大话生涯：自我发现之旅》作序的邀约，开始感觉有些意外，细想又觉得是缘分使然。

说意外，是因为我们的接触仅限于一两次会议上的短暂交谈，通常意义上说，我们算不得熟人。说缘分，是因为我们有共同的关注所在，本书所阐述的自我发现这一主题，也缠绕了我近30年，深知其重，更知其难。从这个角度上讲，我们也可以算是熟人。

三年前，我阅读吴沙老师的《遇见生涯大师》，已经领略过他精巧的构思和诙谐的语言，尤其是他与著名学者金树人教授的对话，令人印象深刻。

此次吴沙老师借用大家所熟知的《西游记》，演绎了一出生涯选择的大戏。创设了新生代人物唐轩臧带着葛悟空、瞿悟能、竜敖烈和嘉悟净，再度去西天取经的故事，阐明生涯教育的核心主题——发现自己。

此书借由奇幻穿越的故事情节,以联想、创意、类比的巧妙方式,把年轻人生涯发展过程中所遇到的人格分析、兴趣探索、能力评估以及价值澄清等生涯难题逐一细致解读,实现了一般专业书籍难以达到的效果——故事取胜。

此书不仅关注了以上各个要素的精准描述,而且关照到了各个要素之间的内在关联、各个要素和环境的交互影响、各个要素在职业以及爱情等多个角色间的作用,体现出专业的特征——学理性强。

作者在叙述主人公艰难曲折、终得真经的历程中,贯穿了澄清问题、认同自我、环境交互、寻求支持、行动转化的内在逻辑。本书让读者在不知不觉中解开心中困惑,从而接纳自我、适应环境、积极行动,力求实现生涯教育的目标——学以致用。

本书的主题与不断成长、探索中的年轻人息息相关,受众人群广泛,既适合莘莘学子学习,也适宜家长以及从事生涯辅导、教育的专业人士参考,希望达到预期目标——广普适用。

阅读此书,让我再次心动。阅读此书,也将给您带来不一样的感受和收获!

顾雪英

南京师范大学教育科学学院教授

推荐序3

INTRODUCTION

拥抱希望

中国正处于社会转型的关键时期,新技术不断出现、各种新的职业生涯发展模式也层出不穷。这一方面给个体的职业生涯发展带来了前所未有的机遇,另一方面也使得生涯发展的不确定性和复杂性大大提升。面对不确定的未来,个体需要从生涯兴趣、价值观等方面找到指导自身生涯发展的方向,同时也需要建构相应的能力使自己在相关领域充分实现自身的价值。

生涯探索(Career Exploration)活动是个体加深对内在特点和外部世界认识的有效方式。然而,由于生涯发展的很多理论都是来源于西方,如何基于中国情境开发适用于中国学生、老师和家长使用的生涯探索工具和著作成为生涯教育工作者的一个重要课题。吴沙老师一直致力于提升中国的生涯教育事业,在长期的教学、培训和咨询工作中积累了丰富的经验,而本书则是吴沙老师倾情奉献的精华之作。

《大话生涯:自我发现之旅》聚焦于个体的自我探索过程,

以相关理论模型作为底层逻辑,通过故事性的讲述来帮助个体建立对自身生涯倾向、兴趣、能力、技能等多个方面的深入认识。在实践层面,本书在讲解相应理论的基础上,设计了多种活动来帮助读者进行自我测评和定位,并通过具体化的建议提供了相应的改进之道和行动纲领。除此之外,本书语言优美、寓意性强,是一本难得的个体自我成长读物。

作为一名职业生涯领域的研究者,我非常推荐大家阅读吴沙老师的这本著作。让我们共同努力,助力生涯教育、推动社会进步、共创美好明天!

管延军

英国杜伦大学商学院教授

推荐序4

INTRODUCTION

踏上自我成长之路

翻开这本书,我们将跟随吴沙老师开启一段探索自我的心路历程。这里有引人入胜的故事情节,通俗易懂的心理学原理,发人深省的传统智慧;有对迷茫的分析,个体发展的论述,个人特质的评估以及实践行动的指导;有对自我生涯发展的深入剖析,也有对当下常见问题的多元化思考。不同于以往单纯的理论著作和案例故事,本书别出心裁,以《西游记》的人物为原型,以穿越剧的方式来呈现,没有刻意的说教,却把读者引入到一种对内求索的境界,让你不由自主地沉浸其中。

毋庸讳言,无论是阅读心理学典籍还是生涯辅导丛书,都不是一件轻松的事情,能把这些原理应用于实践,并且以读者喜闻乐见的方式呈现出来更非易事。那么吴沙老师是如何做到的呢?首先,他是一位严谨而勤奋的学者,无论是工作之余还是外出旅行,他每天都会有固定的文献阅读量,并且会做详细的笔记,这也是他对所有理论如数家珍、信手拈来的原因。其

次,他非常注重理论的本土化应用,总能够在传统文化中寻根溯源,让理论的应用更加落地,更加契合实情。还有,他是一个不断创新的先行者,《西游记》的故事在中国家喻户晓,能够借这样的名著之台,演绎生涯辅导的大戏,可谓石破天惊、独树一帜。通读全书,你就会发现这虽然是一部穿越剧,但并不是一味地把读者拉向遥远的过去,而是随时把生动的历险遭遇和当下的发展困惑联系在一起,提醒读者认清剧中人物和现实生活的内在联系,从而使读者的思路能够突破时空的限制,产生出自己的思想火花和实践动力。由此,阅读成了一种乐趣,成了一个对自我和现实两个世界不断探寻和解析的过程。

知人者智,自知者明。从古至今探索自我、认知自我一直是人们热衷的话题,在生涯咨询中显得尤为重要。当人们面临着各种各样的选择而举棋不定时,我们会引导人们暂时放下这些"外在"的选项,转而思考"内在"的需要。

比如:

"无论从事什么样的工作,你渴望什么样的生活?"

"无论和谁结婚,你渴望什么样的婚姻?"

"无论选择哪条路,你最终的目的地是哪里?"

这种跨越选项看目标的问话,在咨询中常常能够起到拨云见日的效果,而这种聚焦内在需要的过程,就是本书第二回所描述的找回"原页"的经历。

个体的成长离不开遗传和环境两大因素的影响,如何看待自己的本性,又如何在个人需要和他人期待之间获得平衡是人格发展的重要内容。了解自己的人格发展过程，清楚自己的性格特点，让我们能够更好地理解自我、接纳自我。了解他人的性格特点，让我们能够更好地趋利避害，从容适应环境。通过第三回和第四回的故事，我们可以感受到这既是一个克服"心魔"的过程，也是一个自我蜕变的挑战。

问渠那得清如许，为有源头活水来。兴趣既是我们持续投入的动力也是我们积极创新的源泉。能力与兴趣的交集造就了个体的核心竞争力，试想一下对于你喜欢而又擅长的事情，你必然可以做到事半功倍且乐此不疲。所以，发现自我兴趣、发展自我能力就成了这个时代生涯教育的主题。本书第五至第八回的故事既为我们呈现了扣人心弦的魔幻经历，又让我们有机会重新定义自己的优势，让自己在日益激烈的社会竞争中清晰定位，有的放矢。

价值观是我们在做选择和判断时最为看重的原则、标准和品质，当我们对众多的选项进行分析和比较时，厘清自己的价值观就变得尤为重要。价值观的形成又不可避免地受到环境的影响，区分哪些是"我"的需要，哪些是我认同了"重要他人"的需要，是个体从"依赖"到"独立"的觉醒。到底是为了自己的目标而坚定选择，还是为了取悦他人而盲目迎合，是人格发展的必然挑战。怎样在理想自我和现实自我之间获得平衡，如何在个体与组织之间做到能动适应，这些叩问灵魂的话题你将在第九至第十三回与作者一起探讨，然后写出自己的答案。

四方上下为宇，古往今来为宙。这本书在阐释体系上给予

了读者充分的想象力,吴沙老师的演绎手法更是让人"思接千载,视通万里"。他打破了中西方文化的差异,贯通了古典与现代的分离,创造了理论与实践的交融,让所有阅读这本书的人都能够获得心灵的洗礼和人生的启迪。

最后,祝愿这本看似穿越离奇,细读却博古通今的著作能够帮助更多的人早日取得"真经",修成正果。

贾 杰

北京明光生涯教育创始人

前言

PREFACE

一位中年大叔的生涯省思

今年,我已步入40岁的行列。日本后现代主义作家村上春树曾说过:"人到40岁是一条分界线。"人生被分成了上下两个半场,他认为40岁是人生一个大的转折点。孔子也强调"四十而不惑"(《论语·为政》)。所以,40岁的我,站在这分界线上,也开始回归内心的价值需求,思量着进入人生下半场后,自己能为这个世界留下些什么?

困惑与反思

我进入生涯领域已经是第13个年头了。这期间,自己也从高校心理教师转型成为一名生涯培训师、咨询师。在传播生涯知识的同时,面对生涯市场需求的变化,有时我不免会有些无力感。

一是"量"的问题。新高考之前,生涯规划主要活跃于高校,而且功能一度被窄化为解决就业难的问题。但是学生找到工作之后,适应、发展以及平衡等问题接踵而至,那时又该如

何应对呢?为此,我在3年前出版了《遇见生涯大师》一书。不过,新高考的到来,又带来了新的机遇和挑战,即高三的专业选择范围会受限于高一的选科。这也直接推动了生涯教育的前移。所以,大学的专业学习是为了选择理想职业做准备,而高中的选科却影响专业选择数量的多寡。为此,有人就提出了一个最理想的选科策略,先定职业范围,再看职业相关的专业范围,最后根据专业来确定选科方案。这真的只是一种理想的状态。因为它必须建立在学生各个学科的能力均等,且学生在短时间内能调研或体验尽可能多的职业的基础上。想想就知道,这是一个不可能完成的任务。因此,面对每年庞大的高考大军,定位生涯规划的作用,并让参与其中的学生、家长和教师理解,迫在眉睫。

二是"质"的问题。距离2007年12月28日教育部下发《大学生职业发展与就业指导课程教学要求》一文已经接近13年了。也就是说,生涯教育已经在中国教育界践行了将近13年。教师们通过自学或参加培训等方式,掌握了系统化的生涯理论,并兢兢业业地为一代又一代的大学生持续传播着生涯知识。但结果呢?一部分教师由于对概念理解得不透彻,导致专业术语灌满课堂,可是,又有多少学生专注其中,并愿意转化为实践呢?许多学生也仅剩"混学分"的心态而留于教室罢了。而另一部分教师虽然语言生动风趣,讲解详细有条理,课堂内容充实,但是没有把知识结构及素材资源的更新与职业环境的快速变化、不同时代学生特点的差异以及家庭影响等因素进行有效整合，导致学生课堂积极投入与课后"知而不动"形成了强烈的反差。最终的结局就是，学生早已忘之脑后，放任自流，想着到时候再说，甚至还给自己一个合理化的借口——船到桥头自然直。结果呢？雇主们一句"准备不足"就可将你拒之门外。践行了十余年的高校生涯教育都如此，更何况刚起步不久的中学生涯教育。

面对这些量多质差的本土现实问题，我们该如何应对？

选择与聚焦

"再写一本生涯领域的书吧？"我内心冒出了一个声音。

记得3年前的一次读书分享会上，有读者问道："吴老师，您的《遇见生涯大师》遇见的都是西方的大师，有没有考虑再写一本遇见东方的大师的书呢？"会后，我也陷入思考，查阅了大量的古籍文献，发现东方的儒、释、道大师们虽然与西方学者的许多观点不谋而合，但正如清华大学人文学院科学史系主任吴国盛教授说的那样："中国文化的本质是诗性文化，具有诗性思维，即以《诗经》为代表的思维——类比、联想和想象。"我发现东方大师们对生涯的解读，都是一些零散的个人领悟或观点，并不像西方学者用科学思维方法建构得那么有逻辑和成体系，对于探索方法和行动指引的研究都不够具体。所以，要提笔创作一本融入本土文化思想的实操类书籍，只有尝试将东方的诗性思维和西方的逻辑思维结合起来。因此，写作前，我花费大量的时间将西方研究辨析过的共性生涯要素与中国文化中所蕴含的生涯观进行整合。

"这本书的读者是谁?"那个内心的声音继续发问着。

我还是希望遵从自己的教育初心,帮助那些迷茫的大中学生和职场新人们,走出自己想走的路。当然,读者里面还包括陪伴他们成长的家长、教师和生涯规划师们。

"当他们打开这本书的时候,你希望向他们传递些什么信息?"

当他们感到彷徨、无助、不知所措时,不妨先试着停下来,检视一下自己,再看看身边的人、事或物,也许就能从中得到一些启示或帮助。所以,我希望全书的脉络都是围绕着年轻人最关注的"选择"而展开。

定位与说明

首先,本书可以称得上是一本奇幻穿越小说。我将尝试以一个完整的故事来贯穿面对选择时,遇到的共性的生涯要素。为了致敬中国经典名著,同时考虑到故事中的人物与生涯要素的契合,我借了《西游记》的台,来唱"生涯选择"的戏。以唐僧转世为创作主体,讲述他穿越到明朝后,与四位徒弟一路降妖伏魔,战胜内在的"心魔"(即生涯发展的困境),最终认识并回归真实自我的生涯故事。

其次,本书也是一本很特别的教材,一本真正可读的生涯教材。如果打破现有的故事框架,本书把面对职业或专业选择,划分为五个阶段。

一是澄清问题阶段。你会知道该如何去辨别问题并找寻到改变之源。详见第一、二回。

二是认同自我阶段。你会知道我们可以选择自己的人生方向，却不能选择我们的遭遇，唯有接纳。有道是"知不足，然后能自反也；知困，然后能自强也"（戴圣《虽有嘉肴》）。详见第三至第十回。

三是确认信息阶段。你会知道一味读死书是无法适应时代发展要求的。要成长为社会有用之才，就需要先找到我们与环境的"交集"。详见第十一、十二回。

四是寻求支持阶段。你会知道系统会伤人，也会助人。详见第十三、十四回。

五是行动转化阶段，你会知道"今是昨非"（陶渊明《归去来辞》），"处方"有没有效，做了才知道，光"知"是不够的。详见第十五回。

这五个阶段也完全吻合匹配和决策取向的生涯教学设计或咨询流程。所以它还可以作为大中学校生涯规划课程教师和专业生涯规划师的案头书，以供教学参考或咨询指导使用。

最后，它更是一本我们每个人的"自传"。因为它能让你在其中照见自己的"影子"，到时你不妨尝试按照书中的方法，回看过去，审视现在和展望未来，也许心中的答案就在不远处等候着你。

来吧，一场新的"西游"也正等待着你的加入……

目 录
CONTENTS

推荐序 1

推荐序 2

推荐序 3

推荐序 4

前　　言

001　**第一回　"唐僧"再世**
　　　"忙""忘""盲""茫"的人生路

013　**第二回　坚定西行**
　　　找回我们人生的"原页"

025　**第三回　悟空身世**
　　　我们的人格是如何发展的

039　**第四回　智斗四妖**
　　　浇灌我们的性格"四叶花"

061　第五回　海上遇险
　　　　我们的兴趣是如何产生的

073　第六回　悟能发威
　　　　用兴趣找回我们的近期目标

101　第七回　西行受阻
　　　　我们的能力是从哪里来的

115　第八回　真假敖烈
　　　　发现我们优势的能力组合

143　第九回　师徒创业
　　　　我们的价值观是如何形成的

157　第十回　悟净坚守
　　　　厘清我们当下的价值需求

183　第十一回　信任危机
　　　　什么让我们成了没有目标的人

197　第十二回　轩臧抉择
　　　　在职业或教育环境中定位职业或专业目标

213 **第十三回　师徒重聚**
我们是活在系统中的人

223 **第十四回　女国情愫**
我们的爱情是什么

239 **第十五回　取得"真经"**
行动中认回那个真实的自己

251 **后记　路漫漫其修远兮**

255 **参考文献**

第一回 "唐僧"再世

"忙""忘""盲""茫"的人生路

面对未来的不确定性,我们在人生的每个阶段似乎都会有一段迷茫期。故事中的主人公就困惑于:是该活出自己想要的样子还是继续活成别人心目中的样子。特质因素论所提出的自我概念(即我们用来形容自己的事物)四大"主角"即将闪亮登场。

玄奘万里西行取经结束，已经过去1374年了，按照《西游记》的故事情节，师徒五人早已位列仙班：唐僧被封为"旃檀功德佛"，孙悟空被封为"斗战胜佛"，猪悟能被封为"净坛使者"，沙悟净被封为"金身罗汉"，白龙马被封为"八部天龙"。无论是真实历史还是神话，故事早已完结，未料……

"哇哇哇……"

产房传来一声声婴儿的哭泣声，一个男婴呱呱坠地，从那一刻起，命中注定了一场新的西行将要来袭。

……

我叫唐轩臧，小名唐唐，1981年1月出生在中国内陆的一座"林城"——贵州省贵阳市，此时的中国刚进入改革开放的第三个年头，作为独生子女的第一代人，犹如"小皇帝"般地被家人宠爱着……

80年代的中国，物质还是相对比较匮乏的。我的父母是典型的"50后"，他们这一代人对饥饿的恐惧烙印在他们的心灵深处。寻找稳定的"铁饭碗"，成为那代人的价值追求，这也深深地影响了他们对后代的教育。我们已然成为"铁饭碗"观念引领下，逐渐陷入"迷茫"的一代人……

童年时光，虽然短暂，但还算幸福无忧……除了上托儿所（80年代的幼儿园）被占据的时间外，我最深的记忆有两个：一是因为父母需要上班，自己经常会被反锁在家里面，一个人待着（那个年代，似乎家家户户都这样），偶尔偷偷看一下动画片，直到父母下班回来，拿着各种体育装备（跳绳、乒乓球

拍……），到楼下的篮球场，召集一帮同样命运的小伙伴们享受玩耍的时光；二是每到周末，父母就会带着我，一家三口去周边各大景区或公园游玩并享受各种美食。那是我人生中最无忧无虑的一段日子。

小学时光的到来，就开始让我感到有些莫名其妙和不知所措了。虽然也感觉是被反锁着的，不同的是，从"家"这个环境到了"教室"这个房间。虽然都是被关着，状态却不同，在家还算自由自在，到了教室，许多莫名的规矩开始出现……

"一、二、三"，老师时不时地喊着口令。

"小手放在小腿上，不许说话不许动"，全班需要边齐声喊，边齐步做。

自己根本不知道为什么要来读书学习，除了感觉老师非常严厉，必须服从外，没有任何动力可言。只知道父母要我好好读书学习，将来考一个好大学，找一份稳定的工作。

面对这突如其来的改变，因为无力抵抗，所以我也只能默默承受着。

> 在中国大多数的课堂上，学生是很难放松的，因为无论是教师还是家长，似乎都不允许学生不优秀，而优秀的标准非常单一，就是学习成绩好。因此，在课堂上，你需要踊跃发言，争取各种表现机会。这也成为老师对学生最重要的印象分，更成为家长会上的"证据"。
>
> "不让孩子输在起跑线上"逐渐成为家庭教育的核心

> 理念，而今这一观念更是越演越烈，孩子们的课余生活被各种文化课辅导、艺术特长班等充实着，父母一句"我这么做还不是为了你"，成了绑架孩子言行的"枷锁"。

自开始上学以来，我似乎只为争"一口气"，因为我就是世人所说的那只"笨鸟"，学习总是慢别人半拍，印象最深刻的就是一年级学习"单双数"和二年级学习"认钟表"。

一年级时，学到"单双数"部分时，看着同桌总是用复杂的两位数来区分，自己也跟着模仿，没想到同桌是为了向老师表现，而我却成了"抄袭者"。

二年级时，"认钟表"成了我人生当中学习的第一大难关，在这个分了12个格的圆盘上，我始终无法区分"分针"和"秒针"，经常在半夜熟睡中被母亲叫醒起来认表……

回想起这些过往的点滴记忆，自己都有些嫌弃自己的"笨"了。

人虽"笨"，但却没影响自己在老师心目中的印象。也不知怎么回事，虽然学习过程有些痛苦，但是我的考试成绩也算过得去，基本没掉下过全班前10名，按照世俗标准，属于"中等偏上"水平。加上我平日小嘴很甜，所以班主任和科任老师都非常喜欢我，也总安排我担任各种班级职务：大队长、中队长、小队长、小组长、课代表……

即便如此，我也逃不过世俗的"比较制度"，似乎总会有一

些"不那么努力,成绩还依然优秀"的比较对象存在于世。

> 中国人似乎习惯活在各种"比较制度"当中,拿自己跟别人比,如果比不过,就拿亲戚朋友跟别人比,如果还是比不过,等有了孩子,就拿孩子来比,如果孩子也比不过,这个孩子就会被"教育",最常用的语言莫过于"你看人家某某某……你看你……你需要更努力,才能赶上或超越某某某",多么恐怖的"教育绑架",这也是许多中国孩子没有"自我"的根源,总是被期待活成父母想要的样子。

"你看,某某家的孩子,成绩一直名列前茅……"妈妈总在说。

"唐唐虽然很努力,但是就是没有某某某(别人家的孩子)聪明、成绩好……"邻居们也会议论。

"我们也要努力,考上好大学,让他们另眼相看……"妈妈似乎也被打击到,鼓励我说。

此刻的我,人生中似乎第一次燃起了学习的动力,也有了"被规划"的目标:不能让别人小看,更是为了让父母"有面"。

> 大多数不是"别人家的孩子"的孩子,都是为了这样"一口气"活着。有的孩子扛住了,而另一些则就此放任、没落。

好的师生关系，为我创造了许多好的运气。

"小升初"那会儿，数学是我的相对弱项。六年级的某一天，教数学的黄老师把我叫到办公室，说每天会给我讲一套试卷，为我开了为期一学年的"小灶"。

"中考"前夕，面对数学和物理两个弱项，教数学的班主任周老师和教物理的徐老师，也是经常单独为我在办公室"开小灶"。

"高中"时期，又遇到教物理的班主任张老师……

虽然高考经历了第一次的挫败，但是因为有了"贵人"老师们的相助，基础教育阶段，在学习方面，我也算"平稳"地度过了。第二次高考，最终进入了一所全国重点大学的最强专业——西南师范大学（今西南大学）的心理学专业。这口气，也总算是吐了出来，为父母挣回了"面子"。

> 1999年，美国斯坦福大学教育心理学教授、社会学习生涯理论和偶发事件学习理论的提出者约翰·克朗伯兹（John Krumboltz）经过不断的研究发现，一切幸运之事都绝非偶然。所以，一个人能遇到属于自己的贵人，一定是他身上有深深吸引人的特质。他进一步指出，这五类人，最容易遇到贵人：一是以乐观的态度面对事情的人，二是以弹性的态度调整应对的人，三是以好奇的态度寻找新学习机会的人，四是以冒险的态度带来新可能的人，五是以坚毅的态度面对挫折的人。因此，不要总是怪生活中无人相助，其实只是你不够努力罢了。

虽有贵人相助,但一直以学习为借口而被长期压制的"自我",也终于开始爆发了。

"我是谁?"

"我为什么要努力考大学?"

"大学毕业之后,我要做什么?"

……

拿到录取通知书的那一刻,这一个又一个的疑惑开始逐一来问候我,一团乱麻般地把我层层缠绕,思考了许久也未果。最后也只能带着这些疑惑开始了我的大学生活。

"我选择心理学专业,是为了将来成为一名心理咨询师,这样可以帮助更多的人。"

"我读心理学,是希望能够科学地探查人的内心世界。"

……

班上的许多同学在第一次班会课上都在攀谈着自己的专业理想,轮到我后,我顿时语塞了。我是被调剂过来的,我并不知道心理学是什么,也不知道它到底能干什么,我就想当一名中学老师,所以填报专业的时候,我只填写了数理化,可惜没被录取。

除了专业学习,大学里还是有很多体验机会的。社团、学生会就这么闯入了我的世界。由于对未来充满迷茫,我更有了把自己成天"泡在"各种工作和学习中的理由,开始用忙碌来麻痹自己,迷迷糊糊间就来到了大三的暑假(画外音:此时正值2003年的7月)。而今,一个无法再逃避的选择摆在了我面前：是考研还是就业？如果选择考研，是继续读本专业还是换专业？如果就业的话，该选择什么样的工作呢？

> 问题之所以会产生，在于任务的要求已经超出了我们的能力范围。也就是理想和现实不吻合，让我们感到了焦虑和不安。但是为什么许多人明知道问题存在，却还是不愿意改变呢？那是因为改变的恐惧大于维持现状的痛苦。毕竟改变本身带给我们的感觉，有可能是一种进入新冒险的兴奋、雀跃，也可能是对未来的怀疑、不确定感。因此，只有当改变的恐惧小于维持现状的痛苦时，改变才会发生。

我把自己关在家里好几日，依旧思索无果。这时才发现，高考以前总在干预我做决定的父母，在上大学以后，终于开始把决策权交给我了，我也变得更加迷茫。因为除了自己，再也没有人会为我的决定买单了。

> 我们的人生总逃不过"忙""忘""盲""茫"这四个字。我曾经听过一个很有意思的拆解。四个字，每个字都带一个"亡"字。如果追根溯源的话，亡，并非死亡的意思，而是"逃"的意思。也就是说，当我们没日没夜地忙于工作或学习，我们的"心"就在逐渐逃离，即"忙"；慢慢地，"心"就被甩在了后面，于是我们就忘了内心的

> 需要,即"忘";再之后,连眼睛也被甩到了后面,以至于看不到方向、出路,即"盲";最后,便如同陷入一眼望不到边的汪洋中,"心"和眼全都被抛到了后面,即"茫"。这似乎也是我们大多数人的人生写照:先是"忙",然后"忘",之后"盲",最后"茫"。

"寒窗苦读16年,先给自己放个假吧!"内心深处突然蹦出来一个声音。

是啊,16年来,没日没夜地只为了"学习"二字,该放放假了。

我开始背起行囊,远离城市的喧嚣,选择去离家百余公里外的外婆家散心。这里可是回归宁静大自然、洗涤心灵的最佳去处。

外婆家坐落在山林之中,家门口就是荷叶池塘。高考结束的这个时节,正值荷花盛开,湖面上,一片片碧绿托着数个"少女"粉红的面颊,真是美极了!

在外婆家苏息,我除了环池塘漫步外,去爬原生态山林,享受纯天然氧吧的滋养,也是每日休憩的常规项目。就这样,我日复一日地过着修身养性的生活。

直到某一天,整片山林被乳白色的浓雾慢慢笼罩。

半睡半醒间突然听见有人在我脑子里说话:"如果你按下这个神奇的按钮,就可以改变你的生活,你希望自己的生活会有怎样的不同呢?"

接着,我下意识地按下了梦中的那个按钮……

清晨,当我从睡梦中醒来后,被眼前的一切惊呆了。房间的屋顶不再是水泥钢筋结构,而是悬梁吊柱的木质结构,周围的家具也变得格外古朴简陋。我猛地起身,发现自己睡的床也变成了简易木板,怪不得会感到有点腰酸背痛的不适感,再看看身上,一身睡衣变成了素衣。

到底发生了什么?外婆呢?我正在疑惑之际,突然传来"砰砰砰"的敲门声……

"师父,您起床了吗?我们要赶路了。"门外有人轻声说道。

师父?赶路?谁是"师父"?难道是我吗?赶路?是要去哪儿?

"砰砰砰",又是三下敲门声,"师父",门外的人又叫了一声。

我也顾不了多想,赶紧起身开门。

门一打开,映入眼帘的竟是一只人形高的猕猴,冲着我微笑着。

我下意识地往后退了一下,着实有些害怕。

"师父,我们要出发了,三位师弟已经在寺院门口候着了。"这只猕猴又开口说道。

"还有三位?"我小声嘀咕着。

"是啊,师父,悟能、悟净和敖烈早就起来,收拾好行李等着了。"他又回应道。

"悟能、悟净、敖烈,那你是?"我继续追问。

"我是悟空啊。"他眨着眼睛,抓耳挠腮地说着。

悟空、悟能、悟净、敖烈,这不是《西游记》中的人物吗?难道我穿越了?我什么时候收了这四个徒弟,西天取经不是早就结束了吗?

因为被催促着,已容不得我多想,就这样师徒五人出发了。

正如你所知道的那样,悟空是猴,悟能是猪,悟净是妖,敖烈是马,而我居然成了"唐僧"。

难道这就是我内心希望的生活吗?

> 其实,我们每个人都是唐僧,这一生你一定要收四个徒弟:葛悟空(人格)、瞿悟能(兴趣)、竜敖烈(能力)和嘉悟净(价值观),且需要通过"西游",才能成就圆满人生。
>
> 这也是"职业指导之父"、美国著名的社会改革家、特质因素论提出者弗兰克·帕森斯(Frank Parsons)的核心观点,只有对自己有了清晰而务实的了解后,我们才有可能评估出自己获得成就感和满足感的前景。所以,我们经常自问着:"我是谁?我已拥有了什么?我有什么与众不同的地方?我怎么能做到与众不同?我要往何处去?我该如何到达目的地?我怎样度过我的一生……"老子曾说:"知人者智,自知者明。"(《道德经》)
>
> 不信,你接着往下看……

第二回　坚定西行

找回我们人生的"原页"

希望中心取向的生涯发展模式认为,我们的努力程度与我们对未来是否有"希望感"有关。为了能重拾"希望感",找回自己的意义和价值,我们需要承担什么责任?需要完成什么任务?自此,一场明心见性的自我发现之旅将要展开。

等我缓过神来,我们已渐渐踏入山林深处。

骑在任劳任怨的敖烈身上,看着灵活机动的悟空,大腹便便的悟能,忠厚老实的悟净,总感觉自己处于一种抽离状态,怀疑这一切是否就是一场梦。

我很用力地掐了自己一下,"哎呀,疼疼疼……"我大声叫道。

"师父,怎么了?"大家都突然停下脚步,看着我,齐声问道。

"没什么,没什么,我们继续走。"我有些不好意思地回应着。

"悟空,你过来一下。"我还是忍不住想问一下。

只见悟空飞身靠了过来,"师父,您说。"

"我们这是要去哪儿?"我轻声问道。

"师父,其实我也不知道,我们都听您的。"他眼神中透露出坚定,看我有些无措,他继续说道:"您怀中不是有一本通关文书吗?之前,我看您都是按照上面的各个目的地来行走的。"

听他这么一说,我赶紧拿出通关文书来翻阅,当打开之后,我整个人更加懵了,说好的目的地呢?怎么一个文字都没有,这整个就是一本"无字天书"啊!

就在我即将再次陷入困顿之际,一道佛光从天而降,观音大士骤然降临。

我赶紧下马参拜……

"轩臧,你为什么要西行?"观音大士开口问道。

"求取真经,普渡众生。"根据历史和神话的设定,我不假思索地回应道。

"这一使命,800年前的玄奘已经完成。我问的是,你为什么要去?"

> 《西游记》中谁最重要?
>
> 毋庸置疑,唐僧!纵览其中人物,看似最没本事的他,在孙悟空一赌气回了花果山、猪八戒开小差跑回高老庄、沙僧也犹豫的情况下,只有他毅然决然地前行。因为他心里清楚地知道他为什么要去西天。而徒弟们并不知道,他们只知道保护好唐僧就行。所以,无论路程多么艰险,无论何方妖魔挡道,无论多少鬼怪想吃唐僧肉,他都毫不畏惧,奋勇向前。最后,唐僧不仅取回真经,徒弟们最终也功德圆满。

我心想:"800年前?那现在岂不正值明朝正统十年吗?我居然穿越回了明朝。"

观音大士的这句问话,真是"一语点醒梦中人"。

"说实话,我也不是很清楚。我只是很困顿,人为什么要活着?是为谁活着?拿我自己来说吧,当为爸妈挣回了面子、挣回了一口气之后,上大学为了什么,接下来的路又该怎么走、往哪儿走,我已经没有了信心。从小到大,我似乎从未真正为自己活过。如果能在西行中找到答案，这就是我所期待的。"我有些沮丧地说。

> 我们迷茫的根源就在于对未来没有"希望感"，也就是说努力与不努力似乎结果都一样。美国威廉与玛丽学院教育学院院长、希望中心取向的生涯发展模式的提出者斯宾塞·奈尔斯（Spencer Niles）认为，"希望感"能让我们洞见意义性的目标（有目标），帮助我们在任何状况下看见可能性，且付诸行动（知道如何达成目标），不轻言放弃（相信自己能够达到目标）。可见，随着年龄的增长和生活阅历的累积，建立"希望感"才能够帮助我们修正那些不切实际的梦想，让它们变得更可行。

"其实，这也是在芸芸众生中，上天为什么选择你担任此次西行使命的原因。世人万般苦，皆因贪嗔痴。作为唐僧转世的你，此行若能帮助众生找回属于他们自己的原页，方能功德圆满。"

原来我的前世是唐僧。

"原页？"我有些疑惑。

"你想想，'原'和'页'合起来是什么字？"观音大士提示道。

"願（愿的繁体字）。"

"是的，就是找回属于他们的願。"话音刚落，观音大士便

腾云飞去。

> 对于中国人来说,"希望感"就是"愿"。著名华人生涯辅导专家、澳门大学客座学者、台湾师范大学名誉教授金树人先生曾深度解读过"愿"的心理学内涵,"愿"字拆开来看是"原页",即原来那一页,意指人天生的本性或潜能。也就是说,我们能够以自身"本来面目"去生活,做自己真正想做的事情,过自己想过的生活。所以,找到"愿",我们才能成为一个充满自信且活出生命价值的人。当然,不能如"愿",就会有怨。因此,知道我们自己是谁(原页)才会知道我们要去哪里(愿)。

与观音大士的对话,让我忽然想起了前段时间看过的一则寓言,说的是:"有一天,一群动物聚集在一起开会,讨论动物学校的课程改革。兔子说赛跑重要,一定要列入课程。鸟儿说飞翔重要,一定要列入课程。老鼠说挖地洞重要,也一定要列入课程。最后,它们把各种重要的技能都列入课程,强制它们的孩子学习。结果鸟儿的飞翔本来应该考甲等的,后来,为了学习用翅膀挖地洞,把羽毛弄坏了。它既没有学会挖地洞,连飞翔也只考了个丙等。兔子为了学飞翔,从树上跌落而骨折,它不但飞不起来,连它最擅长的赛跑也出了问题。如此教育的结果,没有一个孩子根据自己的本性或潜能发展成长,反而都受到创伤,变得垂头丧气。"

今天的教育跟这则寓言是不是有些相似？我们"一视同仁"，试图将每一个孩子教成统一范本，从未真正考虑或肯定过孩子们各自不同的发展潜能，仅以同样的考试、升学和获取文凭来绑架他们，希望他们模仿所谓的"成功人士"过生活。但是历史上无数的案例告诉我们，真正的成功者，并不仅仅是那些科学界、商界、体育界或娱乐圈的精英，只有敢于走出自己的舒适区，不断认清自己、突破自己甚至战胜自己的人，才能逐步接近自己的理想。

柳宗元就在《种树郭橐驼传》中写道："橐驼非能使木寿且孳也，能顺木之天，以致其性焉尔。凡植木之性，其本欲舒，其培欲平，其土欲故，其筑欲密。"其实，育树与育人是相通的，种树最主要在于根，教育则在于顺应孩子的天性来实施。正所谓"天生我材必有用"（李白《乐府·将进酒》），每一个孩子都有他的独特性。只有这样，"其天者全而其性得矣"（《种树郭橐驼传》）。因此，教育的宗旨应该是在共同规范和必备知识之外，让孩子能接受各种生活的磨炼，而教育工作者需要用欣赏的眼光去看待他们，鼓励他们发展长处，协助他们展现自己的人生，这样，孩子们才能最终走出一条自己的路。

说实话，我经受这十余年基础教育的结果，不是让自己活得更明白，知道自己跟别人有何不同、知道自己想要什么、知

道自己要去哪里。相反的是,对自己只是一知半解且对未来变得更加惶恐。

"没事,这一切等你上了大学就好了",父母和班主任总喜欢用这样一句话来"搪塞"我们。这样,让我们似乎变得更安心。为什么呢?

因为从小到大,每一次重大选择都不需要我们自己负责任,父母、班主任、信任的科任老师等,他们都活在我们身上,一切决定都已经替我们包办好了。毕竟他们只在乎我们能否"考上好大学",能否"找到好工作"。这些对他们充满了好处,能够让他们获得更多的价值满足和社会认同。而我们之后的未来,对于他们来说,似乎已经不再重要。终有一天你会发现,选择后的路还得我们自己走下去。

> 法国精神分析学家雅克·拉康(Jacques Lacan)曾说:"我们的愿望总是他者愿望的愿望。"而我们的"他者"是我们的家庭、学校、社区和工作等这些关乎我们成长的社会因素,他们经常活在我们身上,影响我们的判断和选择,特别是家庭对我们的掌控。

中国大部分的家庭教育,都被"威胁论""条件论"所充斥。

"宝贝,你要听话,不然妈妈不要你了。"

"宝贝,你要认真学习,如果考不上好大学,你以后只能去扫大街。"

"宝贝,你自己先玩会儿,爸爸现在有事,如果你乖的话,爸爸给你买一个你最喜欢的玩具。"

……

而且这些威胁和交换条件非常好用,屡试不爽。但是你会发现,随着孩子年龄的增长,当他们认清事实之后,作为家长,你收获到的只是孩子对你物质上的各种依赖和情感上的各种忽视和冷漠。因为你的威胁和条件已经无法满足他的需求了。他需要的是父母长时间爱的陪伴和透过环境来认识自己,而非你对他的过度保护和掌控。

想到这,我长久以来的职业梦想——教师,之所以如此坚定的前提,也是因为我从小极少接触更多的职业环境,所以教师成为最佳选择。因此,高考填报志愿时,就坚定地选择了师范类大学。

我想,这也是我当下还有彷徨感的缘由。虽然一切都按着之前设定好的理想在发生着,但由于没有更多的职业了解,读完师范大学,关于是否想要从事教师职业,也不再那么坚定,心仍有不甘。

> 我们生在这个世界(对此,我们别无选择!),想要活出精彩,融入"工作世界"之中,对于我们中的大多数人而言,是必需的选择。但是为了让我们更无尤无怨地投

> 入其中,需要认清一个事实:我们不太会去喜欢自己没有见过的东西,但那个东西却有可能是最适合我们的。故而我们的前半生应该多做加法,需要对职业环境多一些了解和尝试。

1992年,日本作家高桥宏幸创作了一部儿童文学作品——《我能做什么》。他试图警醒世人,职业探索应该越早越好。故事讲述了一只小象离家找工作的经历。

小象刚开始遇到的是袋鼠邮差,于是小象便上前询问:"我可以帮忙吗?"袋鼠回答:"不行啊!你没有口袋,怎么装信件。"

小象又继续前行,接着遇到了送牛奶的母牛、老虎交警、修理下水道的地鼠、油漆工长颈鹿、狸猫和尚、山羊老师、大狗警察等八个"职业动物"。

当小象提出想帮忙时,大家又以不同的理由一一拒绝了小象。

母牛告诉小象:"可惜你又挤不出奶水。"

老虎说:"你身上又没有斑纹,这样指挥交通太危险了!"

地鼠说:"你的块头这么大,恐怕钻不进来。"

长颈鹿说:"屋顶这么高,你漆得着吗?"

狸猫则说:"不行,你还看不懂经文。"

山羊说:"你当老师还太早了,先好好读书吧!"

大狗则说:"你没有灵敏的鼻子,怎么抓到真凶啊!"

小象找了八份工作都失败了,它非常沮丧地坐在小河边。就在此时,有一辆消防车经过,原来是前面失火了。小象没有迟疑,用自己的长鼻子吸河水来帮忙,最终大火被扑灭了。

事后,消防队长狮子高兴地感谢小象,并邀请它加入消防队的行列。

最后,小象非常自豪地说:"当消防队员最适合我了!"

> 职业探索不能到了要找工作或换工作时再进行。一方面,大学专业方向选择的一个重要参考就是我们可能感兴趣的职业方向,这是缩小我们选择范围的一种行之有效的方法;另一方面,因为职业对人的胜任力是有要求的,雇主对人才的稳定性是有期待的,基于此,如果希望自己未来的职业发展更加平稳,我们就需要提前做足准备,这个准备不仅仅是岗位胜任能力的提升,更重要的是在每个成长阶段,真正认清自己,能依照自己的才能和自己想要的方式,自信地去生活。
>
> 探索职业的方法有很多,但是最有效的莫过于三类:第一是阅读,各类招聘网站或企业官网的相关职位信息搜索;第二是调查,相关职业目标人物的细致访谈;第三是实践,有机会深入各个组织机构进行实习或跟踪观察。这些探索方法的具体操作,我们会在"第十二回"中介绍。

"师父,吃点干粮,我们抓紧时间赶路吧,不然要风餐露宿了。"悟空的话,打破了我的沉思。

是啊,与其坐此空想,不如赶紧行动。

就这样,师徒五人算正式集结出发了,开始了新的西行之路。

"人之处于世也,如逆水行舟,不进则退。"(梁启超《莅山西票商欢迎会学说词》)所以,"坐而想"不如"起而行"!

对我们来说,要确定目标并不困难,难的是我们只"想"不"动"。而造成这样结果的原因在于,一是我们确立的往往是宏观的或不切实际的目标,二是我们的固有习惯已根深蒂固。而我们故事中的主人公正是如此。为此,要想做出改变,最需要的是能够重新获得有用的资源或提升相应的能力。所以,1908年,"职业指导之父"帕森斯指出,开启有效的职业探索,既可以使我们的经验加深、加广,同时也可以发掘自己特殊的能力、人格、兴趣和价值观。只有这样,我们才能够发现哪一类工作真正适合自己,从而进一步做准备。

唐僧变了,西行的目的也变了,为什么还是当年的"五人标配"呢?我们下回分解……

第三回　悟空身世

我们的人格是如何发展的

是人选择了职业或专业,还是职业或专业选择了人?人格在一定程度上反映了我们与环境互动的主要模式。心理学的研究告诉我们,这种模式受到了先天"本性"和后天"习惯"的双重作用,影响着我们行为的方式和工作效率。

第三回 悟空身世

有人从另一个角度曾解读过《西游记》,西天取经不过是唐僧一个人的艰苦修心之旅。唐僧的四个徒弟其实代表的是唐僧的四种心境:孙悟空代表唐僧的心,猪八戒代表唐僧的欲望,沙僧代表唐僧的理性,白龙马代表唐僧的意志力。而取经路上遇到的各色妖魔鬼怪,其实都是唐僧的心魔。

看着同行的四个徒弟,不免也让我心生好奇,为什么此次西行之路还是他们四位一路跟随呢?我准备暗中秘密调查一番。

行走了一天,大家都有些疲惫。傍晚时分,我们趟过一条小溪,在幽静的山林间,一套三层中式大宅映入眼帘。我欣喜地从马背上跳下来,赶紧上前敲门并问候,跟主人表明了想借宿的意愿后,总算有了落脚之地。

大宅的主人非常热情好客,不仅为我们提供了高床暖枕,还精心准备了丰盛的晚餐。茶余饭饱,闲聊中得知他们一家四口是来此休沐(古代官员例行的休假制度),男主人是从五品知州,平日公务比较繁忙,难得挪出时间来专心陪伴夫人和两个女儿,所以就带了几个下人,连随从和属下都没带。听到这,我很不好意思,感觉有点打扰他们的亲子时光。不过,事已至此,我们也只能厚着脸皮继续住下去了。

由于舟车劳顿了一天,伴随着朦胧的月色和小溪涓涓的流水声,我们很早就睡下了。

当我从睡梦中苏醒过来时,已经被五花大绑地吊在一棵大树上,再看看四周,徒弟们也被捆绑着。溪水还在流淌着,但是小溪旁的大宅已不复存在,此时头还有些晕眩(画外音:这是昨晚的饭菜被下药了所致)。到底发生了什么?

只见大宅主人一家四口原地转身，面容从慈眉善目突变成暴戾恣睢的妖怪状，并发出奸笑声。

"主人家，怎么了？"我不明所以地询问道。

"怎么了？"昨晚的男主人冷言冷语地说道："你知道为了抓住你，我们等了多久吗？真是功夫不负有心人啊。我们骷髅四妖终于抓到唐僧了，总算能为祖先出一口恶气了。"

"祖先？"虽然有些发怵，但我还是下意识地问道。

"哈哈哈，我们祖先就是大名鼎鼎的白骨精。"他傲慢地答道。

《西游记》里有"三打白骨精"这一幕。大致剧情是白骨精先后幻化为村姑、妇人和老父，最后全被孙悟空识破、打死。也因悟空恣意行凶，违反戒律，唐僧写下贬书，将其赶回花果山。这也是全书的一大高潮。怎么我这刚西行，就高潮来袭了。

"前车之覆，后车之鉴"，我心想："第一，我不能被妖怪所迷惑；第二，不能一味责骂悟空的不是，他也是为了保护我。不生气，不生气，不生气……"

不过，悟空呢？刚刚没仔细看徒弟们，悟空应该不在五花大绑之列吧？他应该早有预见。

我赶紧环视一周，真没有他。我悬着的心总算是放下了。

"师父，您还好吗？"脑后突然传来一个声音。

"悟空？是你吗？"我细声问道。

"是的，师父。"

"你在哪？"

"我被绑在了你后面。"

"你赶紧出手吧,师父绝不怪你。"我很认真地说道。

"师父,不是我不想出手,而是我也动弹不得了。"

什么叫欲哭无泪?我这次才真是深有体悟。最强有力的靠山也倒下了。呜呜呜……

"不要垂死挣扎了。你们现在是叫天天不应,叫地地不灵。"那只男骷髅妖得意扬扬地说道,"唐僧,你就好好等着成为我们的下酒好菜吧!"

"哥仨们,你们看好他们,我赶紧去召集其他兄弟过来,架锅炖唐僧肉吃。"他对其他三个骷髅妖说完,便化作一阵妖风飞走了。

怎么还是吃唐僧肉的桥段啊,我是唐轩臧,唐唐,不是唐僧啊!呜呜呜……

怎么办?西行刚出发,就被吃了。这结束得也太快了吧!不行,我得想想办法。关键是这次西行,悟空怎么这么弱。先搞清楚一下。

"悟空,能听到吗?"我侧头低声说着。

"师父,能听到。您说。"

"你还记得我们是什么时候遇见的吗?师父今天受到了惊吓,有些忘了。"

"师父,我在您出生的时候,就跟着您了。"

"出生的时候?"

"是啊,师父。我是伴随您出生而降生的。我的出现让您显得格外与众不同哦。"悟空的回答越发自信。

倒是我听得有些迷糊了。接着问:"悟空,你不是姓孙吗,怎么会跟我一起降生呢?"

"师父,我不姓孙,我姓葛。我叫葛悟空。"

葛悟空是我们人格(Personality)的化身。这里的人格指的是心理学上的界定,它跟中国人理解的人格是不一样的,人格在中国文化里面是绕不过道德评价的,"某某人格高尚(意为其行为让人接受),某某人格卑鄙(意为其行为令人反感)"。

心理学对人格的解读,来源于拉丁语"persona"(原意指的是戏剧演员在舞台上扮演角色时所戴的面具,而它的现代概念为"一个真正的个人")。据传,在古罗马,演员们都不化妆,但是每一个演员都会戴上一个覆盖全脸的面具,不同的面具暗示了不同的角色,以便观众预期其某种态度和行为,就和中国传统戏剧中的脸谱一样。从出生以后,我们会扮演不同的角色以应对不同的情境,作为个体,如何凸显自己的与众不同,如何与不同的情境进行互动,这就是人格最关切的问题。所以人格,简单地说,就是指一个人的"个性",一个人整体的精神面貌。我们每个人都是独一无二的,人格成为我们每个人都必须拥有的一件宝物,因为它决定了我们一生的成就和幸福。

那人格是如何发展的呢?让我们一起开始寻找"真正的"个人吧!

听到这，我有些能理解他的"弱"了。不过，为了活下去，我还是抱有一丝希望，继续追问："你说你跟我关联，你都有什么证据吗？"

"师父，最早的我，是从您父母那里来的，最后汇集到您身上，我有四个分身：多血质、黏液质、胆汁质和抑郁质。当某个分身在您体内过多时，会导致您在情绪上的反应分别是快乐的、冷漠的、暴躁的、忧愁的，并且有些反应会比较多见。"

> 气质是人格的先天构成要素，它是一个人与生俱来的天性。平时，大家在评论一个人时经常说："这个人气质真好，风度翩翩、潇洒倜傥。"请注意，此"气质"非彼"气质"。
>
> 心理学对气质的界定是我们在情绪和行为反应上稳定的个体差异。例如，出生不久的新生儿，有的爱哭闹，格外地活跃；有的则较安静，大部分时间都在熟睡，这就表现出气质的差异了。"江山易改，本性难移"（冯梦龙《醒世恒言》卷三十五、无名氏《谢金吾诈拆清风府》三折），因为"本性"是不容易改变的，它具有极大的稳定性，所以"本性"在心理学上指的就是气质。
>
> 我们都希望找到自己的"本性"。对此，医学之父、古希腊医生希波克拉底（Hippocrates）最早对气质加以分类，他认为人体内有四种不同性质的液体：血液生于心脏、

黏液生于脑、黄胆汁生于肝、黑胆汁生于胃,人的体质不同,是由于四种体液的不同比例所致。后来,经过古罗马医生克劳迪亚斯·盖伦(Claudius Galenus)的进一步继承和发展,对应着确定了人类的四种气质类型:血液占优势的人属多血质(充满活力和动力)、黏液占优势的人属黏液质(使人迟缓或懒惰)、黄胆汁占优势的人属胆汁质(容易激怒)、黑胆汁占优势的人属抑郁质(通常表现为忧郁和悲哀),具体行为特征见表3-1。由此可见,每一种气质类型都有其积极面和消极面。

表3-1 气质类型及其行为特征

气质类型	行为特征
多血质	活泼好动、适应性强、乐观亲切、热爱交际、情绪外露、粗枝大叶、缺少耐性和毅力、注意力容易分散、易轻浮
黏液质	安静沉稳、有节制、踏实、善于忍耐、不爱交际、情绪不外露、反应迟缓、有些死板、缺乏生气
胆汁质	精力充沛、直率热情、果敢顽强、易兴奋、易躁易怒、脾气急、情绪外露、易冲动、缺乏自制力
抑郁质	注意力持久、情感细腻、富于想象、敏感怯懦、反应迟缓、适应力差、不善交际、情绪不外露、行为孤僻

注:修改自黄希庭和郑涌《心理学导论》,2015;彭聃龄《普通心理学》,2019

如何简单快速地判断自己的气质类型?苏联著名心理学家瓦西里·瓦西列维奇·达维多夫(Vasily Vasilyevich Davydov)曾做过一项实验,研究不同气质类型的人在同一情境中的行为表现。结果发现,四种不同气质的人,行为反应各不相同。

【实验情境】 有四个人去看电影,谁知电影早已开始,他们都迟到了。电影院规定,电影开始后观众不准入场。接下来,四个人采取了不同的对待方式:

A 与影院检票员理论不成后,大发脾气,并且还动手打人。

B 与影院检票员理论不成后大嚷着要找经理,并且气冲冲地来到经理办公室。

C 没吵没闹,只是走到电影院对面的咖啡馆点了杯咖啡,心想:等一会儿,看有人进去就跟着进去。

D 发现迟到无法入场后,问也没问就消沉地回家了。

如果是你,你会选择哪一种?_____

答案揭晓:A 是胆汁质的人,B 是多血质的人,C 是黏液质的人,D 是抑郁质的人。

不过,值得注意的是,每个人的气质也不是绝对单一的一种,它也有可能是这四种类型不同比例的组合,盖伦医生的研究让我们看到了人类的"本性"存在 13 种可能性:

1. 胆汁质
2. 多血质
3. 黏液质
4. 抑郁质

5. 胆汁 - 多血质
6. 多血 - 黏液质
7. 黏液 - 抑郁质
8. 胆汁 - 抑郁质
9. 胆汁 - 多血 - 黏液质
10. 多血 - 黏液 - 抑郁质
11. 胆汁 - 多血 - 抑郁质
12. 胆汁 - 黏液 - 抑郁质
13. 胆汁 - 多血 - 黏液 - 抑郁质

"的确,快乐和暴躁的情绪,在我的生活中是比较频繁出现的。总的来说,快乐的时间还是多于暴躁的时间。"

"所以,对应着我也经常出现多血质和胆汁质这两个分身。"悟空回应说。

"那也不能说明,你跟我就有关。"

"师父,您不要着急嘛!"

"能不急吗?命都快没了。"

"师父,这次能不能得救,关键不在我,而是您。因为您决定了我的样子。"

"怎么说?"

"虽然在您这,我只有两个分身,但是这两个分身应对今天的危机都很厉害。多血质是属于活泼型的,胆汁质则是兴奋型的。不像另外两个,黏液质太安静,抑郁质太弱。"

因为我是学心理学的,悟空的这个说法,我并不完全赞同。气质是没有好坏之分的,它只存在利与弊。不过算了,现在时间紧迫,就不跟悟空进行学术辩驳或澄清了。

"你再具体说说,我们可以怎么做?"

> 气质是人性的天然表现形式,但是这些天然的表现也受限于环境,比如父母的教养态度、学校教育以及文化社会因素等。古之所谓"染于苍则苍,染于黄则黄"(《墨子·所染》)、"居楚而楚,居越而越,居夏而夏,是非天性也,积靡使然也"(《荀子·儒效》)、"今夫麰麦,播种而耰之。其地同,树之时又同,浡然而生,至于日至之时,皆熟矣。虽有不同,则地有肥硗,雨露之养,人事之不齐也"(《孟子·告子上》)、"居移气,养移体"(《孟子·尽心上》)。因此,人格的后天构成要素——性格就显得格外重要了。

"我们需要搜索一下您过往的记忆,面对不同的人,您习惯性的互动方式是怎么样的?"

我很努力地回想着……

> 美国心理学家大卫·凯尔西(David Keirsey)在其经典论著《请理解我》中指出,人格包括两个方面,其一是气质,其二是性格。气质是我们性格发展的一个重要前提。

> 性格作为人格构成的第二大要素,被界定为习惯的一种反映,它是后天培养的衍生物。古人云:"习以成性,遂若自然。"(《庄子·达生注》)提到"习惯"一词,常常离不开"自动化""很自然地""非计划性地""熟练地""不经过思虑地"等表述。因此,心理学将习惯界定为我们对于刺激所做的稳定反应。孔子有曰:"知者不惑,仁者不忧,勇者不惧。"(《论语·子罕》)

"我实在是想不出来,因为过去没被绑架过。"我很无奈地回应道,并有些质疑,"想这个真的有用吗?"

"师父,我其实就是您,我们虽然有了爸妈给的分身,但是我们身边的人不会让它们时时刻刻展现出来的,他们会强化或弱化它们。我们的分身就会在与不同人的互动过程中,形成相应的习惯。所以,整个过程才诞生了今天的我——葛悟空。因此,我只有了解了您的习惯,才能发挥本领,制服妖怪。"

听完悟空的身世告白,我似乎明白了些什么……

习惯?!

> 性格诞生于气质与外界环境相互作用的过程之中。中国有句古话:"积思成言,积言成行,积行成习,积习成性,积性成命。"美国心理学之父、心理学巨匠威廉·詹姆士(William James)也有一句类似的话:"播下一个行

动,收获一种习惯;播下一种习惯,收获一种性格;播下一种性格,收获一种命运。"因为行为形成习惯,习惯形成性格,所以只有当这些性格特征形成之后,我们才能说自己已经拥有了成熟而完整的人格。

其实孔子早已认识到先天因素和后天环境因素对我们人格形成的影响。孔子有云:"性相近也,习相远也。"(《论语·阳货》)"与善人居,如入芝兰之室,久而不闻其香,则与之化矣;与恶人居,如入鲍鱼之肆,久而不闻其臭,亦与之化矣。故曰:'丹之所藏者赤,乌之所藏者黑。'君子慎所藏。"(《孔子家语·六本》)

第四回 智斗四妖

浇灌我们的性格"四叶花"

人们总在不断寻求适合自己的生活方式和工作方式。MBTI 类型指标就在试图弄清楚我们性格类型与工作或教育环境间的配对关系。也就是说,如果想做的事刚好符合自己的性格,我们做事的效率自然就会比较高。

悟空的话，让我开始去思考我过去的习惯。这也让我很纳闷，为什么习惯能帮助我们渡过这场危机呢？

我的目光开始转向看护我们的三只妖怪。

可能是等待的时间太长了，妖怪们感到有些无聊。昨晚变身假扮大宅女主人的骷髅妖（以下我们就称呼他为"二妖"）跟另外两个假扮女儿的小妖（以下我们称"三妖"和"四妖"）提议做游戏来打发时间。

"前段时间到人间走了一遭，听到那些红毛鬼在大街上唱'点头 Yes，摇头 No'，Yes 是'是'的意思，No 就是'不是'的意思。今天我们来玩一个突破，一个人发问，另外两个人不用'点头 Yes，摇头 No'，而是用'摇头 Yes，点头 No'的方式来回应，如果谁出错，我们就扇他一个大嘴巴，要不要玩一下？"二妖开始介绍着游戏规则并发出邀请。

"来就来"，三妖和四妖一听，来劲了。

"我先发问，你们两个来回应，"二妖奸笑着说，"你们是母妖吗？"

只见两小妖，笨拙地抓头相望，哥俩反应了大半天，一会儿摇头，一会儿点头，最后又频频摇头。

二妖捧腹大笑，腾空就是两个嘴巴，"你们俩是不是变身太久，分不清公母了，哈哈哈……"

就这样，三只妖怪欢愉地打发着时光，笑抽了筋，红肿了脸……

这不就是习惯和不习惯的差别吗？我恍然大悟。

习惯就是一种自动化、不费力的行为惯性,也就是,不需要耗费多余的注意力和能量就能把事情做好。但是不习惯却会让我们感到别扭、消耗能量、不舒适。所以,发现自己习惯化的行为方式就可以高效率地完成任务。

我赶紧把这个发现告诉了悟空。

悟空回应道:"师父,虽然我们的分身改变不了,但是面对不同的人,我们的习惯会呈现出不同的特征。因此,要对付这四妖,我们只能智取。"

刚说到这,三只妖怪的老大——"大妖",随着一阵妖风回来了。

"大哥,其他弟兄呢?"二妖赶快迎上前去询问。

"我担心出现什么变故,就先行一步回来了,他们随后就到。"大妖回应道,"怎么样?没发生什么事情吧?"

"大哥请放心,有我在呢。"二妖自信满满地说。

"你们赶紧架锅、烧柴、加水,等弟兄们一到,我们就开宴。"大妖指挥着。

几个妖怪忙碌了起来……

"悟空,怎么办?我们都快成为他们的盘中餐了。"当大妖回来那一刻,我又有些畏缩了。

"师父,等水烧开还要很长时间呢?我们赶紧来找找我们的习惯。"悟空一副泰然自若的样子。

"说得容易,一会儿他们吃的又不是你,我叫主菜,你们最多就是个配菜。呜呜呜……"我小声嘀咕着。

"师父,您先认真观察这四个妖怪。您发现了什么?"

悟空不说,我还没仔细看他们,他们的全身上下都被两种不同的颜色划分成了左右两半,颜色比重是不一样的,而且是变化的。

"他们像被两种色块组合构成的感觉,好奇怪的造型啊!"我把发现告诉悟空。

"是的,师父,就是这一点。"

"怎么会这样呢?"我好奇地追问。

"我猜想,这可能是他们各自具备妖术的映射。师父您回想一下,昨天我们遇见的大妖跟今天有何不同?"悟空正帮我唤起记忆。

"有道理。虽然昨天的大妖热情接待我们,但是感觉他早就预料到我们会来,一般人看见你跟悟能都会被惊吓到,他却显得很淡然,而且还给我们安排了人数对等的房间,给敖烈准备了马棚、饲料和青草。他全程话不多,很矜持,一直坐在角落里聆听,有些孤僻,倒是假扮他夫人的二妖,全程神采飞扬地招呼着我们。"

"但是他今天却不太一样。"悟空呼应我。

"是的,今天大妖像换了一个人似的,格外健谈,而且嗓门高,极易开心,精力非常充沛。"我把观察到的内容总结了一下。

"师父,其实这是人的两面,当然妖也存在,你看他身上的两种颜色:红和绿。我方才元神出窍,化作一只蝇虫去侦查了

一下,大妖今天虽然性情大变,但是他非常累,我看到他身上两种颜色的比例一直在变化,但是绿色一直占据上风,占比较多。似乎昨天的样子才是他最自在和舒服的状态。"

20世纪中叶,一位名叫伊莎贝尔·布里格斯·迈尔斯(Isabel Briggs Myers)的美国女性,同她的母亲凯瑟琳·库克·布里格斯(Katharine Cook Briggs)一道,基于瑞士心理学家卡尔·荣格(Carl Jung)的工作及其心理学类型理论发展出了一套人类行为的分类方法——迈尔斯—布里格斯类型指标(Myers - Briggs Type Indicator,MBTI)。她们并不是心理学家,而是敏锐的人类观察家,她们持续对人的行为进行观察,最终发现了人的四种习惯。

第一种习惯叫"能量获得的途径",也就是在回答,当能量耗尽之后,我们更习惯通过什么方式来获取能量。这里就存在两种相对的方式:向外获取能量(外倾型,Extraversion,故事中用红色代表)、向内获取能量(内倾型,Introversion,故事中用绿色代表)。需要注意的是,这两种类型不是截然不同的,而要看一个人对这两种类型的使用量的多少而定。也就是说,如果我们判断一个人是外倾型,表示他较常使用外向特征,而较少使用内向特征。因为内向特征使用频率不高,较不容易被自己察觉,但是并不代表外倾型的人没有内倾型的特点。因此,我们

> 每个人都同时具备这两种方式,但会更偏好某一种,这就是我们日常养成的一种习惯。那如何更好地判断自己的习惯呢?也就是,当使用偏好的方式时,我们想想自己是否往往表现更佳,感觉更有效率,而且精力充足。

"也就是说,他现在的这个状态不是他最习惯的行为方式。"我回应道。

"是的,师父。这就是我们制伏大妖的关键点,也是他最大的弱点。所以,师父您刚好可以中和他这一点,就像酸碱中和、阴阳平衡的原理那样。我刚刚侦查他的时候,偶然发现当他身上的红色增加到两种颜色的比例平衡时,他的妖化状态就消失了,不过,只有一瞬间的工夫。"

"该如何中和呢?……诶,等等,你刚才说,你变成了苍蝇?"

"是啊,师父。有什么问题吗?"悟空得意扬扬地说着。

"你会七十二变?"

"当然。"

"孙悟空的其他本领,你都会?"

"那当然。孙大圣毕竟是我的前辈。"他有些趾高气扬了。

"那你干吗折磨为师这么久,你一棒子了结,不就行了吗?"

"师父,这四只小妖是您的心魔,我即使这次消灭了他们,

他们还会以别的形态出现。"

"哼,等这次事情解决了,为师再收拾你。"

感觉经此一事,我跟悟空的关系更近了。

回归正题。根据之前的分析,大妖比较喜欢自己一个人独处,注重内心的思考和想法,遇事也是经过深思熟虑后,才真正付诸行动。而我呢,似乎更喜欢人多的场合,从小爸妈都说我是"人来疯",跟人交往越多,精力越旺盛,虽然是独生子女,但总是能把小区里面的同龄小朋友三五成群地攒在一起玩游戏。与人相处,我就感觉自己在充电,相反,独处让我感到漏电。

不知怎么,当我在回忆这些过往经历时,胸前突然出现了一个逐步变大的红色能量球。

"师父,您继续回想,我正在聚集您内在的红色中和能量。"突然耳后方一个声音冒出来。

没过多久,能量球聚集完毕。悟空让我瞄准大妖,他用内力助我推射出去。

虽然四肢被捆绑住了,但是我还是使出全身气力,用头把能量球顶了出去,正好击中大妖,没过多久,他的妖化状态就消失了,恢复昨日人的样子后,又晕死了过去。

正在忙碌准备的妖怪们发现了异样,都聚集到了人形大妖的身边。

"大哥,大哥……"边叫边摇晃着大妖的身体。

二妖突然转头望着我们,他是几个妖怪中最心思细腻的一个。

"你们对我大哥做了什么?"他愤懑地朝我们喊着。

看得我有些不知所措,尴尬地四处张望。

"师父,回应他的话啊。要不,您就真得提前入锅了。"

我故作镇静,一本正经地说:"你看,我们现在都被绑着,能做什么呢?"

这句话,好像还挺管用的。

"一定是咱们的死对头黑熊精在搞鬼,他觊觎唐僧肉很久了,不能让他坏了我们的好事,你们俩赶紧四周查探一下。"只见二妖开始命令三妖和四妖行事。

我也总算松了一口气。

"师父,可别放松警惕啊,我们还有三个妖怪要对付呢。"悟空见状提醒道,"现在可是对付二妖的最好时机。"

有了对付大妖的经验,这次,还没等悟空引导,我就开始刺探二妖了,从身上的颜色到跟他相处的点滴回忆。这只妖怪昨晚话最多,而且每一句话都能直指人心。这是最难对付的一点,因为他非常注重细节,记住每一个人的喜好,能够觉察我们的当下需求,并且快速做出反应。所以,他的感官能力应该特别强。

"注意力的指向"是人的第二种习惯,也就是在回答,我们平常接收别人信息的方式是什么样的。这里也有两种对立的方式:一种是更关注事物本身和细节(感觉型,

> Sensing，故事中用蓝色代表）；另一种是更关注事物背后的意义和总体（直觉型，Intuition，故事中用紫色代表）。当然，跟第一种习惯一样，每个人都是两者兼备，只是更习惯于其中一种方式。

"二妖身上的两种颜色是蓝色和紫色，而且蓝色的占比明显多于紫色。我发现他能够敏锐地观察眼前的事物，对事物的细节有很好的记忆力。但是他缺乏大局意识和宏观把控的能力，只注重当前，而不去前瞻未来。你看，他把另外两个小妖支走了，如果黑熊精真的带妖打过来，凭借他一己之力，如何能以一当百呢。他未免也太自信了吧。"我把观察到的情况告诉了悟空。

"师父，您分析得非常到位。所以，这得看您平日对事物的关注习惯了，看看是否能平衡他。"

"我跟二妖确实不太一样。大部分时候我不太注意细节，总是有些粗枝大叶。跟别人吵架总是输，只会说'你就是不对'，但是哪儿不对，总是忘了说，发生不愉快的事，最终只能记住那些感受却忘了事实。如果平日在生活里面遇到像二妖这种细节控，加上他又能言善辩，我要么即速抱他大腿，要么躲得远远的。"

"孬种。"旁边树下绑着的悟能总算醒了过来，听着我的自述，鄙视地说道。

"闭嘴"，我皱起眉头，很生气地用口型向他表达了反击。

因为怕惊动了二妖，我选择了沉默，随即又朝他翻了个白眼。我毕竟还是怕死。

"师父，不用管那个呆子。等这事忙完，我再收拾他。您先看看您胸前。"悟空仗义执言。

我被悟能气昏了头，都没注意到一副紫色的弓箭已被聚集悬于空中，且正在变大。

我继续专注回忆，说："虽然感觉自己做事不够细致，但是我的内省能力非常强，总能看到事情背后的关系和意义，而且对那些经过思考的事物具有较强的想象力和创造力。"

真的很奇妙，回忆过去越多的相关事例，弓箭的场域就变得越强大，很快就聚集完成了。

当我正发愁该如何避开二妖的注意，拉弓射箭时，一个巨大的黑影，从丛林深处极速而来，并发出一声浑厚的嚎叫声，紫色弓箭被强大的气流吹散了。

随即在我们前方出现了一只约 5 米高的黑熊，气场甚是逼人，看了我们一眼，便转向了二妖那边。

"黑、黑、黑熊精。"二妖吓得瑟瑟发抖地说道。

我心想："二妖，你个乌鸦嘴，真是'说曹操，曹操到'。完了，我的肉不够分了，现在骨头也不用剩了，呜呜呜……"

"二哥，您安心去吧，反正大哥走了，以后骷髅妖一族就由我们这些小辈继承发扬吧！"三妖紧跟黑熊精出现。

"三弟，你背叛了我们。"

"二哥，我这不叫背叛，而是抓住时机，壮大我们骷髅妖一

族。"三妖早有反叛之心。

"所以,你就选择跟黑熊精联手。"

"果然,瞒不过二哥的慧眼。"

"你会后悔的……"

还没等二妖把话说完,黑熊精一个巨掌伸出,亮出尖爪,一道血光划过长空。

"黑熊大哥,您看,这就是唐僧。按照我们的约定,我们一起共享唐僧肉,长生不老。以谢您协助我一统骷髅妖族……"三妖对二妖的死非常淡漠,决然扭头,就开始卑躬屈膝地向黑熊精介绍我这个"菜品"和他们的计划了。

"畜生。"悟能又在错误的时间发话了,但是他替我们说出了心声。

三妖身上的两种颜色是:橙色和棕色,橙色占比较多。它在四只妖怪中一直是非常理性的,昨天接待我们的时候,他并没有表现出太多的殷勤,因为是小孩,我也没有太在意。但是今天他对二妖的大反杀,让我感到后背有些发凉。

"我这两位大哥太懦弱了,我早就对他们不满了,跟了他们上百年,一个闷头闷脑,另一个总爱算计,都做不成大事。为了抓住唐僧师徒各种演戏、下药,依我看,直接开打不就行了吗?"三妖开始向黑熊精抱怨,各种大言不惭。

人的第三种习惯是"决策判断方式",也就是在回答,我们平时在做决定时,是依据什么方向做出的。这里也

> 有两种方式：一种是基于事，用公平公正的理性"头脑"来判断（思考型，Thinking，故事中用橙色代表）；另一种是基于人，用人情关系的感性"心"来判断（情感型，Feeling，故事中用棕色代表）。值得注意的是，跟前两个习惯一样，每个人都兼具两者，只是更常使用其中一种方式罢了。

听着三妖跟黑熊精的对话，我开始细细观察此妖，并跟悟空呢喃细语："从三妖的言谈中，感觉没什么人情味，行事非常冷静、自信，但觉得他不太合群，太过于关注事情的客观公正，喜欢就事论事，用'是非对错'来评定事物。"

"所以，这正是他的弱点。师父您看，黑熊精对他的话总是爱答不理的。"

"嗯嗯。"我点了点头，回应道，"那我们怎么做？"

"先静观其变吧！"悟空说道。

半晌后，黑熊精终于开口了，"三妖，你不要说了，虽然选择跟你合作，但是看着你对二妖的死无动于衷，我也很怀疑，你是否有一天也会这么出卖我。"黑熊精的语气有些重。

"黑熊大哥，您放心，我三妖对天发誓，一定不会背叛您的，否则必遭天谴。"

"我黑熊，从不信天，你别拿这一套来糊弄我。"

三妖赶紧下跪，说："那您说，我要怎么做，您才会相信

我呢?"

"就地自戕。"黑熊精也在打着自己的如意算盘,他的贪婪之心开始暴露,他希望独吞我们这些"美食"。

三妖看形势不对,准备背后偷袭黑熊精。没想到,黑熊精皮糙肉厚,最后将三妖反扑在地,不能动弹。

三妖虽然可恨,但我的同情心又开始泛滥了。我跟三妖是截然不同的人,一般遇到事情我会选择尽量避免争论和矛盾,事事喜欢"以和为贵",虽然他们今天都要吃我,但我还是不忍看见杀生。在我小的时候,家里面只要当着我的面杀鱼、杀鸡,我是一定不会吃的(画外音:有人肯定会问,"那如果背着你杀呢?"那我就吃)。虽然三妖坏透了,但是如果骷髅妖接连死去,他们的父母、兄弟和妻儿,怎么办?

想到此,我赶紧让悟空去解救他。

悟空解开绳索,用金箍棒三五下就把黑熊精打回了原形,一只巨熊突然变成了普通大熊的模样,落荒而逃。

三妖还是没等到我们将他去妖化,就已气绝身亡。

悟空检查完三妖的尸体后,给我们都松了绑。

此刻,只听见旁边的草丛中有些异动,悟空翻了个跟斗过去,就把他逮了出来,原来是四妖,他已经回来多时,因为害怕,一直躲藏着,准备伺机而动,没想到还是被发现了。

四妖是几只妖怪中最小的,他身上的两种颜色是:青色和黄色,虽然两种颜色占比接近,但是青色占比还是略多于黄色。他有些胆小,昨天刚见到他的时候,他也是基本躲在二妖后面,今天他们三个妖怪把守时，也明显感觉他很信任二妖。

"你什么时候回来的？"悟空开始盘问他。

"黑熊精杀掉二妖时，我恰好赶回来。"他浑身颤抖着，眼中泛有一丝泪光，接着又有些怨愤，说道："那个叛徒。"

"你们不是一起离开的吗？"

"是的，没走多久，他说为了节约探查时间，提议分开行动，他负责左边这一半区域的搜索，而让我负责右边的区域。当时，我也没多想，非常仔细地搜寻，因为我们约定绕完四周一整圈，在交汇点会合，我搜寻到一半的区域也没碰见他，所以，为了以防万一，我把本该他负责的区域也搜索了一遍。唉……"他深深地叹了一口气，"没想到，他居然去找黑熊精了。"说完，他紧紧地握住双拳，低下了头。

> 人还有第四种习惯，叫"采取行动方式"，这个是在回答，我们在日常生活中的处事态度。这里面也存在两种相对的方式：一种是喜欢按计划行事（判断型，Judging，故事中用青色代表）；另一种是喜欢随性而为（知觉型，Perceiving，故事中用黄色代表）。当然，这个也同前面的内容一样，每个人其实都兼具二者，只是其中一种更常用。

我挥手示意，把悟空叫了过来，说："四妖是一个行动派，他非常遵守计划，喜欢井然有序、条理分明、按部就班的生活。因为他喜欢对生活有较高的掌控感。他虽然执行力非常强，而且给人感觉非常靠谱,但是看着兄弟们反目这种突变,短时间内很难适应和调整。所以,我想帮他。"

"好的,师父。我来辅助您。"悟空边说边用双手悬于我头顶。

我开始回想自己的成长经历,发现自己过得蛮洒脱的。整个基础教育阶段的学业生涯,虽然也爱给自己制订什么学习计划,但是却基本不按计划来执行。作业也是,不到最后关头,绝对不会选择主动完成。其实这样也不会不好,相反,经常在拖延中会有新的灵感注入。所以,对待生活,我不太喜欢被条条框框约束住,反而喜欢拥抱生活中突如其来的改变,这个过程总会给我带来惊喜感。因此,我觉得自己对生活的态度是蛮灵活开放的。不过,由于想法过多,条理性不够,所以真正能执行的想法不多。

想着想着,悟空已经协助我将一股淡黄色的中和能量聚集到了我的双手,我将双手放于四妖的心口——一颗受了伤的心,慢慢地将能量注入他体内,他的妖化状态在逐渐消失。

就在能量注入的最后关头,骷髅妖族的大部队也赶到了。看着去妖化的大妖,已命丧黄泉的二妖和三妖,再加上看着我正对四妖所做的一切,群妖向我们师徒五人攻了过来,徒弟们为了保护我,都各自掏出兵器应战,场面一度失控。

在这千钧一发之际,我把中和能量全部注入四妖体内后,我身体里突然冒出一股神秘力量,把悟空猛然吸附在我身上,刹那间,在我头顶上方徐徐盛开出了一朵巨大的四叶花(如

图 4-1 所示），四叶花随风飘动着，中心花蕊似手一般地不断向四周挥洒着各色花粉，这些花粉缓缓地洒在了骷髅妖族们的身上，他们的妖化状态逐个消失了，不过，花粉也让他们暂时进入了休眠状态。

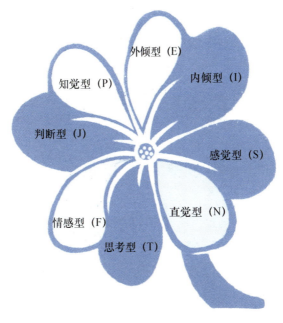

图 4-1　唐轩臧的四叶花

降伏四妖的过程，也让我开始反思自己学心理学专业这件事，虽然并非自己所愿，但是正因为有了专业的学习，才让我对人性的观察和思考更为细腻，我也更能"同理"到人性的多面和复杂。这也更加坚定了我要学好心理学的决心。

接着我们师徒五人趁着他们还没苏醒的间隙，背上行囊，急忙奔着下一个目标砥砺奋进……

走到不远处,我回头看了一眼,一个身影正朝着我们挥手告别,仔细看去,正是去妖化后的大妖,他苏醒过来了。

我骑在马背上,也向他挥了挥手……

在这一回中,唐轩臧西行第一站面对的"心魔",就是对自己性格的不清晰。性格,我们在上一回中提到,它是一种习惯化的行为方式,而习惯的养成又受到先天气质和后天环境的交互影响。因此,如果我们想做的事情恰巧同自己长久形成的习惯吻合,那么我们的做事效率就会比较高,就不会耗费我们多余的能量。

为什么会这样呢?更具体地说,我们想做的事情,在大部分情况下,是需要我们跟别人配合完成的。所以,了解自己的性格类型,能够让我们更好地扬长避短;而了解别人的性格类型,就可以促进我们更快地达成一致。毕竟在我们观察、判断别人性格的同时,别人也在观察我们。因此,找出我们与别人互动的主要模式,不管是在工作、婚姻或社交活动中,都大有助益。

当然,有人肯定会问:"那性格会变吗?"答案是肯定的,因为习惯变了,性格自然也会变化。但是性格在我们18～25岁时,会有一个基本定型期。不过,随着年龄的增长,性格中的态度和行为倾向还是会发生改变,特别是人到中年以后,我们通常对人对事都开始不再偏激,有平和的态度,有适度的行为,会开始注意我们曾经忽略或认为不重要的事情。这完全符合中国人的中庸思想,也是我们每个人人格完善的过程。古语有云:"天行健;君子以自强不息。"(《易传·象传上·乾》)

最后,回到你自己身上,你的四叶花是什么样子的呢?不妨在图 4-2 中用彩笔涂出来。

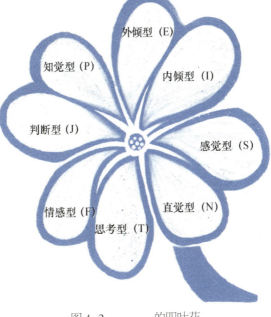

图 4-2 _____ 的四叶花

因为人们有四种习惯,且每种习惯存有两种方式,而我们又会偏好其中一种方式,故而人的性格被划分为 16 种类型。你可以查阅《遇见生涯大师》一书的第 103 ~ 105 页,看看自己所对应的类型的解释和可能偏好的职业,在此就不再赘述了。而关于性格类型的偏好专业,见表4-1。

表4-1　MBTI 16种性格类型的偏好专业

ISTJ	ISFJ	INFJ	INTJ
会计学	公安学	艺术学	化学生物学
生物学	心理学	传播学	心理学
公安学	金融学	心理学	金融学
金融学	历史学	市场营销	数学
体育学	医学技术	护理学	社会学
地质学	宗教学	体育教育	城乡规划学
医学技术	社会工作	社会学	环境科学
土木建筑		城乡规划学	工商管理
ISTP	ISFP	INFP	INTP
生物学	艺术学	管理学	化学
金融学	心理学	历史学	计算机
法学	体育学	医学技术	公安学
地质学	法学	中国语言文学	经济学
经济学	中国语言文学	外国语言文学	金融学
戏剧与影视学	外国语言文学	音乐与舞蹈学	历史学
数学	护理学	心理学	秘书学
		宗教学	物理学
		社会工作	
ESTP	ESFP	ENFP	ENTP
艺术学	心理学	民族学	电子信息
生物学	体育学	人类学	传播学
信息系统	地质学	艺术学	公安学
医学技术	护理学	化学	金融学
环境科学	应用语言学	学前教育	机械
戏剧与影视学	临床医学	市场营销	市场营销
	社会工作	中国语言文学	历史学
		外国语言文学	
		社会学	
		传播学	

(续)

ESTJ	ESFJ	ENFJ	ENTJ
机械	心理学	传播学	经济学
公共关系学	市场营销	心理学	教育学
音乐与舞蹈学	护理学	管理学	管理学
会计学	体育教育	市场营销	国际商务
金融学	宗教学	公共关系学	政治学
政治学	社会工作	城乡规划学	社会学
	应用语言学	中国语言文学	民族学
	临床医学	外国语言文学	人类学

注：修改自约翰·迪蒂贝里奥 & 艾伦·汉莫《Introduction to Type in College》，1993

对于性格类型与工作或教育环境间配对关系的理解，值得提醒的是，并不存在性格类型与职业或专业信息的单一的对应。因为有很多不同性格类型的人可以从事同一种职业或专业，而且在相同职业或专业下，性格类型不同的人，他们也可以表现出自己类型的"另一面"来从事这项工作或专业。所以，这种配对关系，一方面是提供我们"知己"，另一方面则是给我们提供职业或专业选择的参考或可能性。因此，不论我们是要缩小选择的范围，抑或是要扩展探索的领域，都必须从"知己"延伸到"知彼"，也就是要对相关的职业及教育世界做深入的了解。只有这样，才有助于我们对眼前或未来的选择做出更清晰的决定。

第五回　海上遇险

我们的兴趣是如何产生的

美国个人职业发展咨询家博恩·崔西（Brian Tracy）曾说过："当你做真正喜欢的事业时，你的一生中，将不会有任何一天，是用来工作。"这就是兴趣的意义所在。那兴趣是先天遗传的，还是后天学习和生活中逐渐培养形成的呢？

第五回 海上遇险

经此一事,我有了一种志得意满的自信,这是之前从未有过的。

我们就这么漫无目的地继续在山林里面游走着,不知过了多少天(画外音:走了快一个月了)……

"师父,接下来我们到底要去哪儿?"终于,悟能憋不住了,有些埋怨道:"我们带的干粮都已经吃完了,每天就靠着这些野果充饥,您没看见我老猪都瘦了吗,再这样下去,我就要营养不良了。反正今儿我不走了。"

读《西游记》时,我最瞧不起的就是猪八戒,成天好吃懒做,爱占小便宜,经常被妖怪的美色所迷惑,敌我不分。看来这个悟能应该也好不到哪儿去,甚至还不如猪八戒,至少八戒嘴巴甜,很会拍马屁,对唐僧忠心耿耿。想着悟能之前还对我出言不逊,我更是心有芥蒂。但是他的抱怨也不无道理,这山林似乎走不到尽头般,特别是最近几日,感觉有些迷路了,怎么总在一个区域绕圈打转,很多路好像前些天走过。

"我们先歇一会儿吧。"我对徒弟们说道。

喝着悟空从小溪取回的山泉水,我心想:"这次既然还是西行,那我们就一路朝着太阳落山的方向走吧!"

我把想法告诉了大家,就这样总算是有了前进的方向。

您还别说,当坚定了方向,我们很快就走出了茂密的山林,来到大海边。看来如果要继续追逐落日,我们就必须穿越海洋。

当我们一筹莫展的时候,海平面突然升高,"哗"的一声,一只无比硕大的老龟浮现在我们眼前。

悟空火速飞到我身边，霸气十足地说："何方妖怪，胆敢阻挡我们的去路。"

"我是守护这片通天海域的伯鼋，我在此已经恭候你们多时了。"老龟回应着。

"你怎么知道我们一定会来？"悟空继续问道。

"你们降伏骷髅妖一族，打跑黑熊精的事迹已经传遍四面八方了。通天海是你们西行的必经之路，所以，我一直在海岸边守候着。"

"那你有何企图？"悟空很谨慎。

"你一定是悟空吧。"

"正是老葛本人。"

"这位一定是轩臧大师吧。"伯鼋又把目光转向我。

我点了点头。

"听了你们的事迹之后，我内心犹若有了定海神针一般，看到了希望。"伯鼋迟缓地爬上岸，涕泗滂沱地说起了他的遭遇，"通天海一直是四海升平的人间仙境，千百年来都是由我们鼋族执掌，这里也是我们世世代代生活的家园。整片海域一共由六座岛屿组成，我们六兄弟各管理一座岛，我是族中首领。三年前，蜘蛛、狐、蛇、蜂、虎和蝙蝠六大妖族联手袭击了我们，我们虽极力反抗，还是斗他们不过，最后家园也被他们侵占了。我的族人死伤无数，我们六兄弟也只有我幸存下来，剩下的族人，有些沦为他们的奴隶，还有一些侥幸逃脱的，包括我在内，只能选择隐居深海。我们也是花了三年时间休养生息，只为等待时机，蓄势待发。希望你们师徒五人，能帮帮我们。"

"咚"的一声，只见伯鼋重重的四肢跪地，弯下头颅。此时，海面上也涌现出众多鼋，他们也跟着弯下了头。

面对此情此景，我们也只能选择前行，因为已无路可退。

"这六座岛的位置是怎么样的？"悟空细问道。

"它们分布于通天海的六个角落，可以这样说，如果将这六座岛屿相连，它们恰巧组合成了一个完整的正六边形。自从妖族们抢占岛屿后，在各自岛屿的四周海域都布满了结界，一般人或其他妖魔鬼怪是很难靠近的。这三年我们多次想探查被俘虏的家人状况，一直未果。而且因为结界的作用，相邻岛屿间形成了非常可怕的飓风。"

"那我们该如何接近呢？"

"由我驮着你们。虽然有飓风，但是每日正午会停息。所以，我们会有一小时的相对安全时间。那时就可以寻找登岛的办法。现在刚午时，你们先到我背上来，我们边赶路边说。我稍后会给你们介绍一下六个妖族的情况。"

我们又踏上了新的冒险之旅。

虽然已是午时，但是今天海上依旧雾气弥漫。我们很快就消失在大雾中……

"这六大妖族原本生活在你们刚走出来的那片山林中，各自占山为王，同我们一直过着井水不犯河水的生活。但是随着人类对自然资源的过度开采和对环境的持续破坏，他们的生存环

境变得岌岌可危。他们恨透了人类。所以,为了寻找新的生存家园,3年前六大妖族联手,使我族惨遭灭顶之灾。当然,六大妖族之间也存有矛盾,你们可以从他们割据的岛屿看出,相距越远的冲突越大,所以,这可能是攻破他们的关键点。但是由于结界的作用,我们无法接近他们,也没办法去证实。"伯鼋把掌握到的情况,向我们一一述说着。

忽然,风云突变,海面上形成了一股龙卷风,并迅速向我们移动。

"龙吸水了,大家赶紧下潜。"伯鼋对着其他同伴喊道。

伯鼋话音刚落,我们就被卷入到龙卷风里……

不知过了多久……

"师父,师父,您可以听见我说话吗?"隐约听到有人在叫我。

我猛地摇了摇头,睁开惺忪的双眼,只见悟能在不远处看着我。

"师父,您总算是醒过来了。"

"我们在哪儿?悟空他们呢?"我慢慢回过神来。

"师父,我们被妖精抓了,师兄他们不知去向。"

我忽然回想起刚刚那场龙卷风,应该是那时把我们吹散了。完了完了,悟空不在,我的生命现在危如累卵。

"师父,别害怕,师兄不在,有我悟能来保护您。"悟能似乎觉察出了我的不安。

我只能勉强苦笑回应,心想:"靠你还不如靠我自己。"

我开始仔细观察四周，原来我们被关在了一个布满蛛网的山洞里面。这不会是伯鼋说到的，蜘蛛精族占领的其中一座岛屿吧？

刚想到这，只听见不远处传来女子的嬉笑声，声音离我们越来越近。片刻后，七位亭亭玉立的妙龄女子就站在我们面前。

只见悟能两眼发直，馋涎欲滴地望着她们。我已无语到了极致，想着："悟能啊，悟能，色字头上一把刀啊！"

"您就是唐长老吧。"穿红衣裳的女子先开口发话道。

我低头沉默着。

"瞧他那细皮嫩肉的样子。"紫衣裳的女子接着说。

"小子们，把他俩给我押送出去，先暴晒一下。一定要给我看管好了，否则拿你们是问。"红衣女子对着后面的七个小孩说道。

"是，母亲大人。"小孩们回答道。

说完，她们就走了。

七个小孩把我跟悟能用蜘蛛网绑好，拉到了洞外，固定在了一个类似祭台的柱子上。我回头一看，刚出来的洞口上方刻着"盘丝洞"三个大字。

我接着环视整座小岛，只见成千上万的蜘蛛网分布在岛的各个位置。数不胜数的蜘蛛精们还在用肚脐辛勤地吐着蛛丝。跟外面世界不同的是，他们可以吐出各种彩丝。所以，你会发现整座岛屿的建筑和岛民的衣着都是自己"搭建"和"纺织"的。不过再仔细一看，有的蛛网上还悬挂着各国各族人类，有的还在蹦跶着,有的却已奄奄一息。那些一息尚存的人,很快就会被爬出的蜘蛛精"享用"掉。

看到这,我选择闭上了眼睛。

被暴晒了一天,晚上的我已严重缺水。

"师父,您怎么样?"悟能焦急地问道。

"再晒一天,应该就可以被吃了。"我无力地回应道。

"我说过,我一定会保护您的。"

"你怎么保护?你现在也自身难保。"

"您不要看我平日游手好闲的。其实,我也跟师兄一样。因为我也是您。"

"你是我?你不是猪悟能吗?"

"师父,我不是,我全名叫瞿悟能。我也是从您一出生就开始陪伴您了。"

> 瞿悟能是我们兴趣(Interest)的化身。什么是真正的兴趣?1983年,美国"存在心理学之父"罗洛·梅(Rollo May)在其经典著作《存在之发现》中指出,兴趣的英文拆开来看是inter - est,也就是指进入某项活动(inter)之后,产生了高峰经验(est,英语中比较级的最高级)。由此可见,兴趣不只是简单的"喜欢打球、阅读、逛街、上网聊天"等喜好而已,而是让我们自己完全身在事物其中,愿意花更多时间,积极主动地好奇、发掘、了解问题,并试着自己找寻答案,甚至常因专注投入其中,

> 而忘却了时间。所以，当我们真正投入到当下的事情中去时，无论事情是易如反掌还是艰难险阻，我们都能够锲而不舍、知难而进，感受到无穷的乐趣。因此，如果某件事情使我们出现上述情形时，这件事可能就是我们感兴趣的领域了。正所谓"陶陶然乐在其中"（杨炯《登秘书省阁诗序》）。
>
> 兴趣是最好的老师，就像孔子说的那样："知之者不如好之者，好之者不如乐之者。"（《论语·雍也第六》）那兴趣是如何产生的呢？

"你继续说。"悟能的话，突然让我精神百倍。

"我最早出现在您出生后的四到七天。当您看见了一个红球，对着这个红色的东西产生了好奇，这就是我。因为有我，您才可能维持对它的注意。当您刚刚会发音时，您对自己能发出的音也会感到好奇，于是不断地反复发音，并乐此不疲，这也是因为我的存在……"悟能述说着自己的成长史。

> 以发展心理学的观点来看，兴趣是先天性情绪，是人类最基本的情绪之一。它是我们的原动力，可以驱使我们在没有任何生理需求的情况下去行动。可以说，在婴儿时期，兴趣是激励我们智力发展的动力和源泉。

我试图回忆着，并不时点点头。这让我有些陡然醒悟之感。

"随着您的成长，我也总在改变，喜欢的东西越来越多。当

然,我的改变,主要是受到了您家人、亲朋好友、师长等对您的影响,特别是您的父母。这些影响也使得您较喜欢某些活动胜于其他活动,喜欢渐渐发展成为强烈的喜爱,喜爱又促使您不断提升相关的能力。所以,这成为我们战胜这些妖怪最重要的法宝。"

悟能的"真情告白"让我斗志昂扬。

一场为生存而战的战役,即将打响!

> 美国著名的职业指导专家、类型论的提出者约翰·霍兰德(John Holland)曾强调说:"每个人的个性都是多种倾向的混合体,其中某些方面的倾向要比其他倾向更为显著。"而造成倾向存在差异的根源,一是因为兴趣是从种族进化中获得的一种基本情绪,二是因为兴趣也是学习的产物,是我们在生活环境中所接触的经验逐渐发展而成的。而心理学上则认为兴趣是价值观的初级形式。因为兴趣也是我们用来评价事物好坏的一个内心尺度,只是这个内心尺度稳定性较差。一个人的兴趣会随着时空的转变而有所改变,尤其是在十五至二十岁的成长期,人有不同的新经验,会发展出新的兴趣。二十岁以后,兴趣的形态便会渐趋明显而呈现较稳定的趋势,但仍会有改变。
>
> 有没有相对更持久的兴趣存在呢?我们可以从兴趣和能力的关系来探究,可以肯定地说,符合先天情绪的兴趣这种内驱力,会引起我们身体的运动,进而发展出相应的

能力，使我们建立自我效能感[1]和结果预期[2]；而自我效能感和结果预期又会促使我们去尝试不同事物，发挥我们的能力，进而得到满足感，培养出新的兴趣。这个兴趣与能力的互动关系，也正是美国马里兰大学教育学院教授、社会认知生涯理论提出者罗伯特·伦特（Robert Lent）所发现的"持久兴趣"建立的过程。因此，兴趣虽然相对稳定，却是可以后天培养的。比如，如果我们对学习一时还建立不起兴趣，没关系，我们可以先行动起来（有机会尝试），努力让自己投入其中，并给自己积极的心理暗示或者做出足够多的成就（有内外强化作用的激励），经过一段时间后（每天进步一点点），我们对学习的兴趣就有可能会逐渐建立起来。

无数成功者的事例告诉我们，能有机会学习自己喜欢的专业，从事自己喜欢的工作，在自己感兴趣的领域发挥才能的人，是幸福的。2000年，托马斯·J. 斯坦利（Thomas J. Stanley）在《百万富翁的智慧》一书中，运用社会学方法，通过抽样调查，对733位净资产在百万美元以上的富翁进行了全面研究。令人讶异的是，他们之所以能在经济上取得成功，与他们的智商、成绩、主修科系、家世背景或是行业无关，而是因为他们都从事着自己热爱

---

[1] 自我效能感是指我们对改变现状的信心，即"我有没有能力做到"。
[2] 结果预期是指我们预估到行动后可能带来的价值，即"如果我做到了，我能得到些什么"。

的事情。因为只有热爱才能点燃内心的激情,让我们能够全心投入,最大限度地调动潜能,所以成功概率当然比别人高。因此,我们的兴趣与所选择职业之间的良好配合将有助于促进我们的生活满足。当我们对自己的工作满意时,个人实践就可能增加,这样我们也才可能具有职业生产力。

那你的兴趣是由哪些倾向组合的呢?我们下回分解……

第六回　悟能发威

用兴趣找回我们的近期目标

霍兰德的类型论巧妙地拉近了我们的兴趣与工作或教育世界之间的距离。也就是说，如果我们能够配合自己的兴趣来选择职业或专业，那将会是最好的搭配。那该如何找到我们当下最感兴趣的事情呢？

本以为悟能脑袋瓜里面塞满的都是贪婪、懒惰和美色，没想到也有坦诚、勇敢和智慧。真是人不可貌相，海水不可斗量啊！

只见悟能双手托举硕大无朋的九齿钉耙，挥向六大妖族头领们，宛若泰山压卵，将他们逐一命中，摔到几里开外，打得人仰马翻。蜘蛛精一族和蝙蝠精一族伤势惨重、狐妖一族半数晕厥，最后蜂妖一族、蛇妖一族和虎妖一族也是个个浑身无力、精神倦怠。

事情要回到三天前，上回我们说到，我跟悟能被捆绑在蜘蛛精占领岛屿的祭坛上。经过跟悟能一晚的攀谈，我增添了不少信心。

当然，我被抓住的消息，也很快在其他五座岛屿中传开了。

"大姐，我觉得应该清蒸，就用盐涂抹全身，不要放别的调料，我们要吃出本味。"

"我喜欢吃麻辣的，这样才够味。"

"二姐、四妹，这样做太浪费了，我们要分不同部位，煎、炸、炒、焖、煮。"

……

睡梦中，忽然被一阵讨论声吵醒，我会心一笑，心想："准备做什么好吃的呀！"

伴随着和煦的阳光，我耸了耸肩膀，动了动被捆着的双手，伸了伸腰，双脚用力伸直。虽然昨晚很晚才睡，但是还算睡得踏实。当我徐徐睁开双眼时，七双眼睛就这么直勾勾地盯着我，刹那间一股浸透心扉的冰凉弥漫全身，我内心深处已留下痛彻心扉的泪水。原来，她们大清早的，正商量着怎么吃我呢。呜呜呜……

"不管怎么吃,效果都一样,这样,我们姐妹就可以长生不老了,哈哈哈……"大姐最后总结道。

话音刚落,只见数以百计的妖怪倏然出现在空中,撞击着岛屿的结界,再细看,正是狐、蛇、蜂、虎和蝙蝠五大妖族的妖怪们。

"姐妹们,给我上。"大姐发号施令。

蜘蛛精们腾空直上……

在岛的上空,六大妖族的头领们对话了几分钟,随后五大妖族就朝着同一个方向飞去。蜘蛛精们也迅速飞身下来,抓上了我和悟能紧跟其后。不一会儿,我们就被带到了一座独立的小岛上。从空中俯瞰,这个小岛呈正六边形,应该是人为搭建的,它是由六个不同颜色的正三角形拼接构成的,每个正三角形上面还印有代表自己妖族的图腾,感觉有点类似比武台(如图 6-1 所示),这是要打一场吗?

图 6-1 对峙岛地形图

他们都站在了各自族群的板块上,而我和悟能则被捆绑在了小岛的正中央,六大妖族就这么虎视眈眈地望着我们,人生第一次感受到什么叫"人为刀俎,我为鱼肉"。

> 要了解我们的兴趣,最简单直接的方式就是问问我们自己对什么事情感兴趣,但是这种方式有时是不准确的。一方面是因为我们可能对自己的兴趣缺乏真正的了解,另一方面也可能是由于我们对若干职业或专业所需的条件知之甚少。为此,美国著名的职业指导专家、类型论的提出者霍兰德,根据数十年实务经验的观察和研究,于1969年把人的兴趣和职业或教育环境均划分为六大类型,即实用型(Realistic)、研究型(Investigation)、艺术型(Artistic)、社会型(Social)、企业型(Enterprising)和事务型(Conventional),很好地回应了我们生活中最关心的两个问题:第一,做什么工作会让我快乐?第二,我可以在这个工作上表现良好吗?
>
> 他发现,同一职业族群者,拥有类似的兴趣点及背景。也就是说,我们倾向于选择与自己的兴趣特点相匹配的环境,这样就比在与自己的兴趣特点不匹配的环境下更快乐、更满足。所以,我们可以借由与我们具有相似特征的职业族群者,以他们的喜好为参考来间接评估我们的兴趣。不同类型的人需要不同的生活或工作环境,而不同的

职业也需要不同特征的人。正所谓"物以类聚,人以群分"(《易经·系辞上》)。因此,霍兰德的类型论为我们对兴趣的了解和分类提供了重要的理论依据。

"对峙岛的搭建就是为了解决我们六大妖族的各类纷争和矛盾,所以,由我族在六岛的正中心位置搭建完成(画外音:原来这不是人工岛,而是妖工岛。对峙岛六大板块的延长线就是他们所属本岛的位置),目的就是不影响各自本岛,让我们可以和平共处。这是我们当年共享战果的盟约。但是今日各位居然违背当年誓约,攻击我本岛。我蜘蛛精一族绝不善罢甘休。"蜘蛛精的大姐最先愤愤不平地发话。

"你们抓到了唐僧,为什么不告诉我们,难道你们想吃独食不成?"蜘蛛精的死对头蜂妖头领蜂后直指关键点,"盟约虽然约定互相尊重、互不侵犯,但我族也提议为了和平共处,我们更需要互惠互利,当时大家也彼此承诺过。我看你们蜘蛛精一族'妖'丁不太兴旺、岛屿发展缓慢的根源就是太自私自利了,各做各的,一点都不团结。"

"就是,现在六座岛屿的发展,就属你们蜘蛛精过得最原始落后。"虎妖们赶紧迎合。

"说得在理,你们就是拖累我们六岛共同发展的祸根。"蛇妖们也跟着回应道。

因为被捆在对峙岛的正中间,妖精们争执的口水溅了我们一身。我太想说，大哥大姐们，能注意卫生吗，飞沫容易传染病菌啊。但是作为食物的我，哪有什么发言权啊，最后我也只能缓缓地埋下头。

在他们又陷入混乱之际，我却眼看着一只大肚子蚂蚁沿着我的衣袖急速地爬进了我耳朵里，我太想抽出一只手……但是我的双手又被……呜呜呜……

我使劲地摇晃着脑袋。

"师父，您别晃了。"只听见耳朵里发出一丝声音。

"你是悟空吗？"我轻言细语地问道。

"不是，我是悟能啊。"

我看了看旁边熟睡的他，说："你不是在我旁边睡着了吗？"

"那是我在元神出窍状态，师父，虽然我没有大师兄的七十二变，但是您别忘了我会天罡三十六变啊！"

"这倒是，看你那大肚囊，也没收回去。那你钻进我耳朵里干吗啊？如果猪八戒的招数你都会，直接一钉耙把他们都干掉不就行了吗？"

"师父，大师兄之前不是给您普及过了吗？他们都是您的心魔，只有您战胜了心魔，我们这些师兄弟的本领才能完全发挥出来。现在我出去，是打不过他们的，只能挨打。"

"那该咋办？"

"师父，您不能回避，必须正视这些心魔。您需要先留心观察六大妖族的特点，从中发现他们关系的远近，以此找出他们各自的弱点，只有这样，我才能聚合力量，将他们一举歼灭。"

悟能第一次这么严肃地跟我说话。

我又开始进入回忆模式，跟悟能唠叨："先是蜘蛛精一族，因为在她们统治的岛屿待了两天，我发现这个族群是非常务实的一族，她们每个人都在默默无闻地埋头做事情，很有耐性，凡事喜欢亲自动手尝试，比如，没有住处就依托周边环境自己搭建，没有穿的就自己织衣服，没有吃的就自己逮猎物，就这样过着自给自足的生活。所以，她们对工具的使用充满兴趣。虽然外界总说她们原始落后，而且不太喜欢群居，更喜欢独居，但是她们却手工制造出了'互联网'，连接各家各户，可以清晰地看到各家蛛网彼此相连，使她们信息传递和阵地防守的功能异常强大。当五大妖族来袭时，我就亲眼看到了她们'互联网络'下信息互通的高效。但是当时除了七姐妹以外的蜘蛛精们也只是在观望。刚刚她们跟其他妖族的争吵，也可以反映这个族群确实不太团结，你看她们大姐被言语围攻了，其他姐妹也没一个站出来维护的。看来她们比较喜欢独自处理事情，不太喜欢很复杂的社会交往。但是她们的应激反应速度确实很快，也擅长处理紧急状况。此外，妖族之间的争吵还让我发现，她们跟蜂妖的关系一定是最对立的，这可以从对峙岛的六个板块看出，而跟虎妖和蛇妖的关系也不怎么好。"

在我们的故事中，蜘蛛精一族是实用型（R）的化身。具有这个兴趣倾向的人做事喜欢讲求实际和动手操

> 作,他们喜欢处理具体问题,而比较不喜欢处理抽象问题。相对于人来说,他们更喜欢与物打交道。
>
> 实用型人喜欢的典型职业有:户外工作、建筑、修理和医卫等。
>
> 实用型人喜欢的典型专业有:工学类、农学类、医学类、生物科学类和体育学类等。

"师父,我越来越佩服您的观察和分析能力了,这也太全面透彻了。"悟能开始从一本正经回归到油腔滑调了,可见他除了继承了猪八戒的本领,更延续了他的溜须拍马。不过,拍得我挺舒服的,哈哈哈。

三大妖族还在争辩着……

只听见狐妖头领一声怒吼,说:"好了,先别吵了。我们今天来到对峙岛,就是来解决问题的,一直这样吵闹不休,谁都吃不了唐僧肉。"

狐妖头领的话一下子让濒临失控边缘的场面恢复了平静。

一提到我,大家都安静了。真是主角光环的作用啊,因为全剧似乎都是围绕如何吃我而展开的。

"你说如何解决?"其他妖族都把目光聚集到了狐妖这边,问道。

"现在就要把事情分两种情况来看待了,一是由某个妖族独占,这就要看我们哪个妖族的实力更强劲了,所以就要比试

决定;二是由我们六大妖族共享,但是以我们现在的数量而言,每个人可能都分不到一两,不知道吃了以后,有没有效果。"狐妖头领十分严谨地分析道。

对这一分析,最不满的就属虎妖一族了。

"大家不要听他在那儿废话了,我们就一起冲上去分抢,谁抢得多就给自己族妖们分得多。"虎妖头领对自己的实力坚信不疑,傲慢地抬起头。

蜂妖和蝙蝠精们连忙点头逢迎,赶紧抱虎妖大腿。

听到这,我内心的阴影面积越来越大,赶紧把自己蜷缩成一团,特别想对虎妖头领说:"这样怕是不好吧!"

"一群无知的妖。"狐妖很不屑地看了虎妖他们一眼说道。

虎妖、蜂妖和蝙蝠精因为立论不够严谨,有抱"小团体"的嫌疑,引发了其他三个妖族的不满,双方一直僵持不下。

只见狐妖眼珠一转,提议道:"光靠蛮力来解决问题,大家都不会服气,我们就来隔空斗法,一决胜负,如何?谁赢了就可以独享唐僧肉。"毕竟拼力量,没有哪只妖能胜过虎妖,所以,狐妖的提议也得到了响应,特别是蜘蛛精和蛇妖们。

"师父,我们得抓紧时间了。"悟能提醒道。

"我们接着说一下狐妖。狐妖一族的思考力极强,善于观察、分析,喜欢思考事情背后的逻辑、原理与原则。这可以从他在这么短的时间内就能抓住问题的本质看出来。而且他们喜欢用脑解决问题,对于动手解决实际问题不太感兴趣。所以,在处理事情或讨论问题时,总是能提出新的想法和策略。不过,他们非常不喜欢受到别人的指示，你看当虎妖提出异议时，他那不屑一顾的样子。他们族群也是蛮独立自我的，你看他的妖族成员们，在他被三方围攻时，也不会站出来支持他。他们蛮享受依照自己的步调来解决问题，不是很在乎别人的看法。从刚刚的对话可以看出，狐妖跟虎妖的关系一定很糟，你看六个板块中他们也处在相对的位置，当然，狐妖跟蜂妖和蝙蝠精的关系应该也不好。由此可以看出，六大妖族的关系似乎是越相邻的关系越相近，相隔的关系居中，相对的关系就相斥。"

> 在我们的故事中，狐妖一族是研究型（I）的化身。具有这个兴趣倾向的人做事喜欢讲求逻辑推理和解决问题，他们重视追求真知，喜欢在一段距离之外处理问题，喜欢使用书本、图表以及其他资料。
>
> 研究型人喜欢的典型职业有：生物学家、化学学家、历史学家、研究人员、医生、数学家和天文学家等。
>
> 研究型人喜欢的典型专业有：理学类、经济学类、管理学类、农学类、医学类、文学类、哲学类、建筑学类、设计学类和体育学类等。

"你说，我们斗什么？比美的话，我们是绝对不会输的哦。"总想刷存在感的蛇妖头领说道。

六族头领开始进入到斗法主题的讨论，他们各怀鬼胎，都希望将自己最擅长的项目拿出来作为比试题目。

等了许久,我实在是忍无可忍了,说:"各位大神,我们师徒二人两天来粒米未进、滴水未沾。再怎么想吃我,也要把我喂饱了再说吧,这样还可以保证新鲜度呢!你们看我徒儿都饿瘦了,只有一息尚在。"想当初在家,我也是衣来伸手、饭来张口的"小皇帝",哪儿受过这等罪啊!就算要死,也不做饿死鬼。

"师父,都到这个时候了,您还想着吃喝呢?徒儿真是佩服。"

"也对,我等争得你死我活,唐僧却饿死了。各位,吃不新鲜的食物,可会闹肚子的。"狐妖头领最先接话,并提议先解决我的吃喝。

这次虎妖并没有反对,毕竟虎的天性是捕捉活物。其他妖族见此状,也表示同意。

悟能一听到有吃喝,元神飞快回了本体,这是作为一只猪的天性啊!

就这样,我们吃着喝着,他们还在那儿讨论着。

现在虽已了解了蜘蛛精一族和狐妖一族,但想要更快发现其他四大妖族的弱点,必须要想一个办法。我边吃边细细思量着这几天所观察到的信息。目前表现最多的蜘蛛精一族和狐妖一族,他们的共同特点其实还蛮多的,比如都很独立。想想也合理,毕竟他们在对峙岛上的板块位置也是相邻的状态。再往深处想想会发现,他们都是喜"静"不喜"动"的。这与蜂妖、虎妖的"躁动"形成了鲜明对比,所以,要想了解其他妖族的弱点，必须让他们静下来，才可能有所发现。

我深吸了两口气，紧握拳头，壮着胆子朝着妖族们讨论的方向咳了两声，试探着说："各位大神，你们再讨论不出结果，天都要黑了。既然你们今天斗法，是为了争夺我，那我能不能有发言权呢？"

他们都转身看着我。

"你想说什么？"虎妖头领问道。

"我来出一个比试题目如何？"

"你先说说看。"蜂后示意道。

"各位大神法术这么高强，平时一定都有过切磋。我相信狐大神既然提议隔空斗法，就是不希望因为这次比试伤了你们之间的和气。所以，你们岂不换一种新的比试方式？"

"什么方式？你说具体一点。"狐妖头领着急且好奇地问道。

"你们六位大神比试睡觉如何？"

"睡觉？如何才算赢呢？"狐妖头领接着问。

"比赛规则就是，你们只能躺着，不能看书，不能聊天，不能上厕所，不能吃东西，躺得最久者获胜。"

狐妖头领点了点头，跟其他头领对了一下眼后，说："我们复议一下。"

悟能似乎领会到了我的用意，向我对了一个口型，说："高啊！"

其实，这是我暑假宅在家里时，闲着无聊，上网看新闻了解到的一个奇葩比赛。没想到，今天居然用上了。

没过多久,六妖头领达成一致,同意了比试主题。

六张床和遮阳伞在各自的板块上准备就绪,观众席设在最外围的一圈。

"各位来宾,欢迎大家来到'六大妖族睡觉大赛'的现场,本次比试的目的是为了争夺……我……我宣布比试正式开始……"因为我位处中央,所以也扮演起了主持人兼裁判的角色,当然是捆绑了双手双脚的主持人和裁判,呜呜呜……好尴尬的角色。

伴随着各族小妖们的掌声和欢呼声,六位头领步入场地,比试就此拉开帷幕。

因为在相互较劲,六位参赛选手开始几乎纹丝不动地躺着。

半个时辰过去了,蜂后因为体态过于臃肿,很吃力地翻了一下身。

"蜂后动了,淘汰、淘汰、淘汰……"有妖高呼着。

"我们没说身体不可以动,只要他是睡着的,无论是平躺、侧躺,还是俯卧都行,只要他不违反我们刚刚规定的内容。"我作为公平公正的裁判回应道。

当听到身体可以活动,大家都开始不安分起来,扭屁股的、拉伸身体的、翻来覆去的……

特别是蛇妖头领,开始用她那曼妙纤细的身体躺着舞动起来,还不时陶醉地哼唱了起来。

"蛇大姐说话了,淘汰、淘汰、淘汰……"细心的蝙蝠精们开始欢呼雀跃。

"只要不跟别人聊天，自言自语是可以的。"我又回复道。

蝙蝠精们有点失望，又迅速专注找碴儿。

蛇妖头领听到了我的解释之后，开始慢慢地提高音调，放声歌唱起来。

她的歌声是如此美妙，余音袅袅，使人感到心灵纯净、平和。这也化解了现场不少紧张的比试氛围。不管是躺着的参赛选手，还是周边站着的观众，都开始随乐舞动。

蛇妖头领可能是太陶醉于自己的音乐当中了，整个身子突然竖立起来，融入到了观众当中，忘我地载歌载舞着，直到最后一个高音结束。真是"嗨翻全场"啊！

"我宣布，蛇大神淘汰。虽然很可惜，但是规则就是规则。"我很严肃地说道。

蛇妖头领一脸茫然，瘫倒在地……

刚刚还欢愉的氛围瞬间消失，比试的紧张氛围再次笼罩现场。

"师父，您发现蛇妖的弱点了吗？"内心深处冒出来一个声音。

"悟空，是你吗？"我心里询问着。

"师父，我是悟能啊，您怎么老是想着大师兄啊。我在用传心术跟您对话呢？"

"嗯……那好吧！"我虽有些懵，但内心还是继续回应着："从刚才的表现可以看出，蛇妖一族是最有创意、灵感乍现的一族，她们生活中最重要的事情就是追求'美'，喜欢用语言、文

字、声音、肢体等一切形式来创意性地表达自己内心的感受，所以她们经常以天马行空的想象来丰富自己的生活，你看连睡个觉都不消停。而且为了追求这份自我表达，可以突破传统的框架，努力地求新求变，越是不可能达到的事，就越喜欢去尝试。因此，她们的族群比较喜欢在独立且无拘无束的环境下做事，不喜欢管人也不喜欢被人管。人际相处方面应该会比较随性。根据前面探索的规律，跟她们最不搭的应该是蝙蝠精一族。"

> 在我们的故事中，蛇妖一族是艺术型（A）的化身。具有这个兴趣倾向的人做事喜欢讲求感觉和创意，用富有创意的方式来表达自我。所以，他们喜欢生活中的每一天都有不一样的新事物。
>
> 艺术型人喜欢的典型职业有：音乐家、作家、戏剧演员、画家、设计师、舞蹈家和摄影师等。
>
> 艺术型人喜欢的典型专业有：艺术学类、哲学类、文学类、历史学类、建筑学类和土木类等。

比试还在继续，现在已经过了两个时辰，来到酉时，太阳开始西沉了。人生第一次在海中央看夕阳，天边出现一抹红彤彤的晚霞，橘红色的光映红了对峙岛，映在我们的身上，顿时温暖席卷全身，直到太阳清晰的轮廓消失于海平面。这一切美极了！

还在陶醉中的我，只听到蜂后焦虑地呼唤着，"唐裁判，唐裁判，我有个请求，我族群的妖崽子们，都是由我独自孕育带大的。日暮时分是他们吃晚饭的时间。每日的晚餐都是由我主持准备的，他们都在等着我。如果我现在不回去的话，他们一定会饿晕的，特别是昨晚刚出生的那十几只，还嗷嗷待哺呢。假如他们以后营养不良了，影响发育了怎么办，影响长个了怎么办……我真的好着急啊。您看，能否通融一下，我回去陪他们吃完晚饭，再过来继续比赛，可以吗？"

蜂后唠唠叨叨地说了一堆。

根据比试规则，我没搭理她。

我的无视让她震怒，她又开始跟观众席的其他蜂妖们嘀咕着。

"我宣布，蜂后淘汰。因为她违反了我们不允许聊天的规则。"我有些冷漠地说道。

本以为蜂后会过来跟我理论，甚至打我。没想到的是，她根本没太在意失败的结果，而是赶紧带着蜂妖一族火速飞回本岛去了。

"师父，蜂后对族妖的重视程度远远大于您啊！"悟能又开始传心术。

我内心苦笑着，回应道："其实，蜂妖一族的心地非常善良。他们对人和善，容易与人相处，关心自己和他人的感受，喜欢大家一起合作，共同为团体尽力。即使最开始蜂后跳出来质问蜘蛛精的自私自利，也是为了六大妖族的共同利益着想。所以，他们喜欢当朋友的情感垃圾桶和倾听者，喜欢教导别人，帮助

他人成长。他们不喜欢与人竞争,但是这种过于温暖的氛围,在外人看来有时是无原则的一团和气。而且他们关心别人,胜过于关心任务或事物本身。我们之前说过了,蜘蛛精一族一定是他们的死对头。"

"师父,为您点赞。"悟能说道。

> 在我们的故事中,蜂妖一族是社会型(S)的化身。具有这个兴趣倾向的人做事喜欢讲求帮助他人和寻求合作,他们具有一种敢于奉献的精神。他们特别关注互动,对人感兴趣。
>
> 社会型人喜欢的典型职业有:教师、心理咨询师、社会工作人员、护士和宗教人士等。
>
> 社会型人喜欢的典型专业有:教育学类、法学类、医学类、管理学类、哲学类、文学类、历史学类和心理学类等。

时间又过了一个时辰,来到了戌时,夜幕早已降临,一轮明月挂在半空中。蜂后带着蜂妖一族也回来了。

虎妖头领在过去的四个时辰一直处在闭目养神的状态,其实是用睡觉的样子来掩饰自己,实则在观察、聆听和思考,内心更寄期望于其他妖族"窝里斗",自己坐收渔利。

天黑以后,他假装苏醒过来,伸了伸懒腰,从右往左地打量着还没被淘汰的狐妖、蜘蛛精和蝙蝠精头领,但他们似乎都睡着了。

虎妖头领又望了望观众席和我,都是寂静一片,大家好像也都睡着了。殊不知,我在装睡。倒是我旁边的悟能,他是真睡着了,睡得酣畅淋漓、鼾声如雷。

虎妖头领开始了他的小动作,因为他跟蝙蝠精头领靠得最近,所以低声呼叫着:"哎,小蝠兄弟,小蝠兄弟……"

由于蝙蝠精的"听觉"系统非常敏感,他没叫两声,蝙蝠精头领就睁开了双眼。

"兄弟,我们一起把狐妖和蜘蛛精干掉,唐僧肉我们两族瓜分,如何?"

蝙蝠精头领点头不语。

"你对付蜘蛛精,我想到了一个办法,可以对付狐妖。"虎妖头领开始部署他的计划。

蝙蝠精头领继续点头不说话,因为他最大的天敌——蛇妖——早已出局,收拾蜘蛛精对它来说轻而易举。而且蝙蝠精历来都是虎妖最忠诚的小弟。

"床前明月光,地上四只妖。举头望明月,低头谁输了。"只听见虎妖头领开始大声摇头晃脑地望月吟诗。

"一点都不押韵,如果不会,就不要在这胡说八道。这首诗是唐代大诗人李白的《静夜思》,没文化真可怕。原文是床前明月光,疑是地上霜。举头望明月,低头思故乡。人家是思乡,你是思什么?真是头脑简单,四肢发达。"狐妖头领很自然地接话,纠正道。

虎妖头领欢欣雀跃，心想："到底谁没头脑啊，你中计了。"

"我宣布狐大神、虎大神出局。"我闭着眼，淡然地说。

虎妖头领突然暴怒着跳起来，说："我独自在吟诗，没有跟那只臭狐狸聊天啊，他自己搭话，关我何事？"

"虎大神，您之前主动找蝙蝠大神聊天，别以为我不知道。蝙蝠大神没应答您而已。您再无理取闹，信不信我把蝙蝠大神也淘汰了。"

虎妖头领见状，赶紧闭嘴，毕竟蝙蝠精头领是他最后的一线希望。

"师父，您真棒，敢呛虎妖，有魄力。"

"悟能，你终于醒了啊！如果靠你，我不知早已经死千百回了。"

悟能继续通过传心术问道："师父，这次您又发现了什么？"

"虎妖一族的外表给人一种不怒而威的自信感，总被误认为做事草率、马虎、易冲动。其实不然，他们是最具进取心的一族。他们喜欢追求成功与卓越，有一种不安于现状的进取感，从不消停。他们不满足于现阶段的成就，所以，精力旺盛且喜好冒险竞争，只要有机会就立刻行动。这一点可以从虎妖头领让自己隐藏四个时辰，最后伺机而动看出。但是，雄心勃勃，有抱负，善于组织、协调、分工和领导，语言能力强等这些都是他们的外在表现形式，背后的原因是他们特别喜欢展示影响力，愿意吸引别人的注意力，希望自己的表现被他人肯定，并成为团队中的焦点人物。他们甚至会要求身边的人跟自己有相同的目标与行动。还记得虎妖头领与狐妖头领的第一次争执吗？由此也可见，他们最不喜欢做的事就是花太多时间去做哲理、逻辑的细致分析和思考。他们与人的关系经常是任务导向的，有时会忽视别人的个人需求。你可以从刚才虎妖头领和蝙蝠精头领的沟通中看出。根据六个板块的位置可以判断，与他们最敌对的自然是狐妖一族。"

> 在我们的故事中，虎妖一族是企业型（E）的化身。具有这个兴趣倾向的人做事喜欢讲求影响他人和不断进取，他们喜欢"结果或目标导向"，经常发起并动员别人来达成工作目标。
>
> 企业型人喜欢的典型职业有：经理人、主管、制片人、销售、律师、创业者和政府管理人员等。
>
> 企业型人喜欢的典型专业有：管理学类、经济学类、法学类和教育学类等。

现在只剩下蜘蛛精大姐和蝙蝠精头领了。时间已经来到了丑时。

作为夜行动物的蝙蝠，深夜本应是他的主场，不过，他也快坚持不住了。原本论睡觉的功力没有妖怪可以比得过蝙蝠精。但睡姿对他们来说却显得很重要，你让他们倒挂着睡，他们可以睡很长时间。而今天的比试，要求统一俯卧、平躺或侧躺着睡。比试俯卧的睡姿，蝙蝠精绝对无法战胜蜘蛛精，因为这就是蜘蛛精最擅长的姿势。

又过了一个时辰，独木难支的蝙蝠精头领还没想出对付蜘蛛精的法子，自己也难以为继，从床上直飞到了遮阳伞上倒挂着了，说："现在舒服多了。"

只听见虎妖头领深深地叹了一口气，说了一句："你个榆木脑袋。"然后失望透顶地转过头去。

"对不起，虎妖大哥，我已经尽力了。"蝙蝠精头领赶紧表达歉意。

"师父，蝙蝠精头领一直都很沉默，除了在意虎妖一族，其他的都是事不关己的样子。"

"悟能，你观察得很对，但是不够全面。其实蝙蝠精一族是最靠谱、最可靠的一族，他们的生活哲学就是稳扎稳打。他们喜欢在有清楚规范的环境下，井井有条地做事。你看在比试当中，蝙蝠精头领是最遵守比试规则的，甚至比比试规则更严格地完成着任务，除了虎妖头领跟他互动，有过两次点头以外，八个时辰里面几乎纹丝不动地躺着。所以，他们一定是按照既定规则，按部就班地去完成事情的，因为他们对安全感与确定性有着强烈的需求。虽然虎妖头领下达了对付蜘蛛精大姐的任务，但是始终找不到破绽的蝙蝠精头领选择放弃，因为他们不会做太多很冒险的事情。可见，他们做事精打细算，非常谨慎小心，因此，他们给人的感觉是非常仔细、有效率、可靠、有信用。不过，他们不喜欢改变或创新，也不喜欢冒险或领导，这可以从蝙蝠精头领最终还是选择习惯的睡姿看出。蛇本来就是蝙蝠最大的天敌,与他们对立的肯定是蛇妖一族。"

> 在我们的故事中,蝙蝠精一族是事务型(C)的化身。具有这个兴趣倾向的人做事喜欢讲求规矩和精确,他们喜欢"任务导向",常常从事务的秩序中得到快乐。所以,他们比较喜欢为别人做事,而比较不喜欢自己拥有权利与地位。
>
> 事务型人喜欢的典型职业有:银行业者、金融从业者、会计、秘书、记者、编辑和公务员等。
>
> 事务型人喜欢的典型专业有:经济学类、管理学类和文学等。

蜘蛛精们举族欢腾,这时其他几个姐妹也终于开口了,骄傲自满地说:"你们看吧,唐僧最终还不是我们的。"

其他妖族敢怒而不敢言。

就在蜘蛛精七姐妹准备冲向岛中央抓我回去之时,悟能突然八面威风地站在了我面前,右手拿着他那九齿钉耙,只见钉耙开始慢慢变大,接着悟能腾空挥舞了一圈……

剧情回到了这一回开始的那一幕,悟能凭一己之力,打败了六大妖族。但是很奇怪的事情发生了,无论悟能施展出多大的本事,只能废除他们的妖法,却始终无法把六大妖族消灭殆尽。最终,造成了蜂妖一族、蛇妖一族和虎妖一族轻伤,狐妖一族中伤,蜘蛛精一族和蝙蝠精一族重伤。

> 我们在上一回中说过，每个人的兴趣都是复合的，且有主次之分。更具体地说，我们每个人的真实兴趣都是由实用型（R）、研究型（I）、艺术型（A）、社会型（S）、企业型（E）和事务型（C）这六个类型按照不同比例组合而成的。因此，这也是故事中悟能无法覆灭化身每一个兴趣类型的妖怪之根源，因为他们跟我们都有关联。

六座岛屿的结界消失后，伯鼋驮着悟空、悟净和敖烈他们也赶到了。

伯鼋连忙阻止悟能的再次攻击，并对我说："轩臧大师，俗话说'伤敌一千，自损八百'。虽然我很痛恨他们，也希望他们以命抵命。但是身伤易愈，心伤难合。所以，我想就此放下跟他们的怨恨，他们已经失去了妖法，无法再祸害人间，就这样放他们离去吧。您是不是也有过心伤呢？"

伯鼋的话，戳痛了我那颗迷茫的内心。

悟能回过神来，对我说："师父，您遇到的妖，其实都是您幻化的心魔，当您认清这些妖的本来面目之后，虽然赋予了我力量，但还是无法破除。因为缺少您对自己内在的认同。"

> 当我们面临人生转折时，总会想要依托测评工具来解脱。请注意，测评永远无法成为，也不该成为决定我们该

> 做什么的工具。因为大部分测评工具测的是一类人,而不是一个人。所以,无论我们用什么样的测评工具,测评仅仅只是帮助我们去发现自己、认识自己和理解自己。这一点我们在第四回也曾说过。因此,回首生命故事,让我们的生活经验说话很重要。只有这样,我们才有可能前瞻看到未来。

通过跟六大妖族的深度互动,我早有所发现,其实这六大妖族的特点,都有跟我过往经历一致的地方,只是经验上多寡的差异。首先,蜘蛛精一族和蝙蝠精一族的特点在我过去经验中所占的比例最少,因为从小到大,凡是动手操作类的事基本都被爸妈替代了,所以蜘蛛精的特点我很少具备,而我做事情也最讨厌一板一眼、被约束。其次,狐妖一族的特点占比稍多一些,这可以反映在我的学习上,我在学习新知识的时候,比较喜欢去找它们之间的内在逻辑和规律,我在高中就写过很多各个知识点巧解法的文章。最后,跟我特点吻合度最高的有三个,排序是:蜂妖一族、蛇妖一族和虎妖一族。在我上大学以后,这些特点表现得最为明显,主要体现在对一个学生社团组织的投入,这是一个助人性质的社团,目的是发挥心理学专业知识,帮扶普通高中生和职业高中生维护他们的心理健康,从接手社团发现问题,到改革创新,直至社团的发展壮大。在整个过程中,既体现了自己对助人类工作的兴趣,也在开展工作

的过程中培养了自己对创意和管理的兴趣。

想到这，六大妖族的成员们突然恢复了各自本来的动物原貌，迅速向四周散去。

对峙岛的板块也随即松动了起来，慢慢滑落到海中。我们师徒赶紧聚在伯鼋的背上，朝着通天海的对岸驶去。

当我再次回头看时，对峙岛已完全消失在了海平面上。

发掘出我们的兴趣，不但能找回自己的热情，更能寻找到多个可能配合我们兴趣的职业或专业。

在这一回中，唐轩臧西行的第二站面对的"心魔"，就是对自己兴趣的不了解导致近期目标的丧失。我们在上回也说到，兴趣是先天情绪和后天学习的结合，它是我们内心动力和快乐的最终来源。但兴趣又受到生活经验、成熟程度、社会环境或经济需求的影响而常会变动。所以，通过兴趣仅可以了解我们在某一时期内的职业或教育目标之选择。但是我们必须明白，对职业或专业感兴趣未必表示我们有能力胜任。因此，当目标确定了，接下来我们只有提升这个近期目标所要求的胜任能力，才有可能把感兴趣的事情转变成我们的职业或专业方向。故而"我是谁"可以促进"我要做什么"，两者必须保持和谐一致。俗话说"有志者事竟成也"（《后汉书·耿弇传》）。

最后，回到你自己身上，请问你兴趣类型的排序是什么样的？不妨在以下对应的"□"内，以数字 1～6 为先后顺序进行填写。接下来，思考这个排序是否能帮你了解到自己近期可能的专业或职业目标，这些目标对你提出了哪些胜任要求。请在下面的空白横线上写出来。

☐ 蜘蛛精一族——实用型（R）

☐ 狐妖一族——研究型（I）

☐ 蛇妖一族——艺术型（A）

☐ 蜂妖一族——社会型（S）

☐ 虎妖一族——企业型（E）

☐ 蝙蝠精一族——事务型（C）

近期的专业或职业目标是：_____

这个专业或职业目标的胜任要求是：_____

_____

_____

_____

_____

_____

第七回　西行受阻

我们的能力是从哪里来的

能力是雇主们特别感兴趣的部分，浓缩成一个问题就是"我们能做什么"。它直接决定了我们对职业或专业的胜任力和成就感。所以，从"雇主对我们的要求是什么"切入，对于我们能力的定位和提升就显得尤为重要。

第七回 西行受阻

　　告别了伯鼍，我们继续向西前进……

　　看着身边的悟空和悟能，我的心变得不再骄躁。当然，悟能也恢复了昔日的贪吃贪睡，现在再看他，懒惰的模样变得格外亲切、可爱。

　　这让我开始对沉稳耐性的敖烈和淳朴憨厚的悟净更加期待，他们跟我又是何种联结呢？

　　临别时，伯鼍也告诉了我们，继续往西去的下一站是西关镇。

　　悟空先行一步探路去了。一缕和煦的晨光照在我们身上，我们缓慢地行进着，我哼着小调，已经很久没有那份闲情逸致了。

　　"师父，我们西行的经费入不敷出了。"我们任劳任怨、默默奉献的CFO（首席财务官）悟净终于主动开口发言了。

　　"我们这一路也没花什么钱啊，怎么就没有了呢？"我好奇地问道。

　　"师父，在山林的时候，经费确实充裕，在山中有钱也没地方花啊，反正困了席地而睡，饿了有野果充饥，渴了有山泉水喝。但是通天海一役，几乎所有经费和所剩无几的干粮都被龙卷风席卷进了海里，还好当时我奋力抓回了一两银子。要不然，今天到了西关镇，我们只能集体挨饿了。"悟净挑着担子，很认真地跟我说着。

　　"我们之前的经费是怎么得来的呢？"我继续好奇着。

　　"师父，您忘了吗？是您出发前向别人借的，说西行回来后，连本带利三倍奉还。"悟净有些担忧地说。

"我借了多少？"我瞬间慎重起来。

"一千两白银。"

"什么？"我大声疾呼道。

我曾经查阅过，明朝中期的一两银子差不多价值人民币600～800元，一千两就值600,000～800,000元了，如果是三倍偿还，那就是1,800,000～2,400,000元了吗？我心里开始换算着，真是要崩溃了。如果西行回来无力偿还，我岂不就成了"老赖一族"，心里越想越发麻。

"疯了、疯了、疯了……"我原地打转，嘴里还嘀咕着。

这可把悟净和悟能吓坏了。

过了好一会儿，我才反应过来。看着深感内疚的悟净，惴惴不安的悟能。我暗暗地下了一个决定：我们需要一边打工赚钱，一边西行。只有这样才能既保证西行的经费，又能筹够回来的款项。

没过多久，悟空也探查完小镇的情况回来了。他介绍道："师父，这是一个地处南北交汇之地的小镇，镇上有一个繁华的集市，这里贸易发达，商路畅通，聚集了形形色色的人，我还看到了很多红毛鬼和倭人。我幻化成路人打听了一下，当地消费水平比较高，吃的、住的都很贵。"

听到这，我马上召集徒弟们开会。

"徒儿们，我们现在就只剩一两银子了。如果要继续西行，我们必须要想办法筹集资金，不然就只能就地散伙了。"

"师父，我们可以去化缘啊。"悟能最担心的就是不能吃喝。

"化缘虽能缓一时之急,但我们的西行之路还很漫长,这也不是长久之计。特别是二师兄你的饭量一个顶仨啊。"掌管我们财政收支的悟净赶紧回应道。

我看大家都陷入了沉默,趁此提议:"我们要不就在西关镇先停留一段时间,打工挣钱如何?"

"也只能这样了。"悟空第一个支持。

悟净也紧跟表示赞同。

悟能虽然不太情愿,但是迫于形势,也只能随声附和了。

"人类世界的工作有四大类:士(读书)、农(种田)、工(手工)、商(经商),我们各自报一下都能做什么?"我引导着大家,开始为找工作做准备,"我先说一下吧,我可以去小镇上的书院应聘做一名教书先生。"

作为一名现代的大学生,在古代科举制度中,再怎么我也相当于一个举人了吧!

悟能赶紧接话:"师父,读书人的活我肯定干不了,但是干农活呢,又太辛苦了,做手工也好累啊,你看我这细皮嫩肉的。我就好吃,所以,我就去客栈找个店小二的工作吧。"

"师父,这些工作对于我老葛来说,都太难了,因为我坐不住啊。我就靠卖艺挣钱吧!我刚才去探查的时候就看见集市上有人喉顶银枪、空手劈砖、胸口碎大石、吞剑、喷火、飞刀……这些对于我来说,都是小菜一碟。"悟空想了想说道。

说完大家都把目光聚集在了悟净身上,"师父,我就是一个大老粗,就适合干点苦力活,我就去给大师兄打杂吧!"

"那好,等我们先安顿住下,就各自去找工作挣钱吧!"最后,我总结并强调道:"但是悟空和悟能必须要幻化成人形,避免吓到众人,引起不必要的麻烦。"

悟空和悟能点点头。

"来,我们一起加油!"我试图激励大家,接着又问:"悟空,你刚去探查的时候,有没有发现小镇周边有庙观之类的?我们现在是能省则省,能不花钱就不花。"

"镇南郊外有一个废弃的小寺庙。"

"真好,我们就先去那暂时安顿吧。"

"悟我"一定是找工作的第一步。那"悟我"到底在"悟"什么呢?

著名华人生涯辅导专家金树人教授曾剖析过中国人的生涯观,也就是"安身立命"。"安""立"是动词,"身""命"是名词。"安"是安顿,"立"是树立,"立"的层次高于"安"。"身"是生理层次,"命"是精神领域,"命"的层次高于"身"。故"安身立命"即安顿生理层次,树立精神领域。所以,"悟"的是"何以让我维持生存?当生存解决了,我生命的价值和意义该如何去体现?"

而面对当下的境遇,我们也只有先解决了生存再说别的。因此,我们需要提前了解,如果要去找一份稳定的工作,自己是否已经具备了相应的条件。

第二天一早，我们兵分三路，胸有成竹地踏上了找工作之路。

首先是悟空和悟净的卖艺。因为是自主创业，选好址，摊位很快就搭建了起来。悟空担任班主和艺人，悟净则负责主持、表演副手以及保管钱箱等工作。

悟净敲锣打鼓，开始吸引来往路人，悟空火力全开，生意就这么如火如荼地开展起来……

其次是悟能店小二的职位应聘。因为有吃作为动力，所以也开始满镇上各大客栈地跑着……

最后就剩我跟敖烈，为了护我周全，也为了掩人耳目，悟空他们也交代了敖烈，让他恢复真容，作为我的陪读书童，随我一同前往小镇唯一的书院——西关书院——应聘讲书一职。

我记得历史课本上介绍过明朝书院的发展，明朝初期，因为汉族统治恢复，开始提倡科举，重视官学，书院受到冷落。可是到了明朝中叶之后，由于科举越发僵化，官学有名无实，于是书院又开始兴盛起来。书院的组织机构比较精干，一般只设山长，规模较大的书院会增设副山长、讲书、监院、掌祠、掌书及书办等协助山长工作。而讲书就是我们所说的教书先生，他主要负责书院经书的讲解。

现在不正处于明朝中期吗？我很庆幸，抱着对书院的崇敬，跟敖烈乔装打扮一番后，徒步前往。悟空告诉我们，书院离我们住的寺庙不远。果然，没走多久，就在镇边东南角一个僻静之处看见了一片砖瓦顶的学舍。

来到书院大门,迎面是青石台阶,正中间暗红的朱漆大门上方横着一块巨大的牌匾,上面刻有"西关书院"四个大字。走过大门,继续前行,步入第二门,只见书院的二门上的牌匾写着"一登龙门",可见书院对入学弟子寄予了厚望。

还没等参观完书院的环境,就有人过来询问:"请问,你们找谁?"

"您好!我们途经此地,想过来拜访一下贵书院的山长。"

山长是古代书院的主持人。他不仅负责书院的组织管理工作,同时还肩负着教书育人的职责。明代之后,担任山长的人多是德才兼备或科第出身。这也是我在历史书上面了解到的。

"他正在给生徒们讲学,你们找山长何事?"他继续追问着。

"我是一名举人,叫唐轩臧。我想在贵书院谋求一份差事。"我自封道。

"那你们在此等候,我进去禀报一下。"

没过多久,一位穿着长袍,貌若孔夫子的智者出现在我们面前。

简单攀谈之后才发现,其实书院就只有山长一人,因为生徒不多,他身兼数职,而且书院的经费来源有限,无法再聘请讲书先生。

我也只能落寞地离开。说实话,自己的底气也不是很足。毕竟古代书院讲授的主要是四书五经,对于一名理科背景的我确实有些难度。

找工作时，"悟我"虽然重要，但是还需结合"察境"。"察境"即职业探索，也就是发现工作机会，了解我们在哪里可以找到工作。只有这样，"悟我"才能真正体现其价值，开启"觉行"。而"觉行"就是适得其所，又叫良才善用，能者居之，或"人尽其才，悉用其力"（《淮南子·兵略训》）。"悟我""察境"和"觉行"，就是"职业指导之父"帕森斯所提出的职业指导三步骤，即"人职匹配"思想。

中国古人的智慧早就有类似的观点，例如，"选天下之贤可者，立以为天子"（《墨子·尚同上第十一》）、"割鸡焉用牛刀"（《论语·阳货》）、"名不正，则言不顺；言不顺，则事不成"（《论语·子路》）、"良禽择木而栖"（左丘明《左传》）、"士之仕也，犹农夫之耕也"（《孟子·滕文公下》）、"故仁人在上，则农以力尽田，贾以察尽财，百工以巧尽械器，士大夫以上至于公侯莫不以仁厚知能尽官职，夫是之谓至平"（《荀子·荣辱》）、"任官惟贤才，左右惟其人"（《尚书·咸有一德》）、"以人择官"（陈寿《三国志·魏书·任苏杜郑仓传》）、"唯才是举，吾得而用之"（曹操《求贤令》）、"人生则有四方之志。择官而仕，顺夫性情，以道辅世而无死亡，是子思子之所贵也"（《孔丛子》）等。"人职匹配"也是现代社会中雇主招聘和求职者应聘的主要指导思想。

其实在古代,读书人可选择的工作只有四种:一是参加科举,考取功名;二是做个先生,教书育人;三是做当官的幕僚或者师爷;四是做文人墨客,放荡不羁。

我正琢磨着该怎么寻找下一个工作机会的时候,一旁的敖烈,身上突现刺眼的亮光,我随即被他袭击,很快就晕厥了过去。

当我再次醒来时,已经被关在了地下牢笼里。

"师父,您没事吧?"敖烈跪在我身边说道。

"敖烈,你刚刚怎么把我打晕了。"我有些气愤地说道。

"师父,不是我啊,在通天海跟你们失散了以后,今天我才第一次见到您。"

我有些半信半疑。

"与你们失联之后,我四处寻找你们。某一天,我被一束非常刺眼的亮光所吸引,接着一个肋下长了九只眼睛的妖怪袭击了我。我被打晕后,就被抓到了这里,我已经在这待了好几天了,看他们把您也抓了进来,我好担心啊!大师兄他们呢?"敖烈跟我详述着他的遭遇。

就在这时,有人缓缓地走到了牢笼外,说:"师父,您还好吧?"只见他边说着话边变换着模样,瞬息间,敖烈的面容突然出现在了他的脸上。

眼前出现了另一个敖烈。我抓了抓脑袋,看了看牢笼外,又看了看牢笼内。

"我没弄疼您吧?"他继续阴阳怪气地说道,"您知道您那猴徒弟多厉害吗？一直让他的分身跟着我们，直到看您平安走进书院才消失。我也是好不容易等到机会下手啊！您在这好生休息，放心，我们一定按时给您送餐，把您先养得白白胖胖的再吃。回头见，哈哈哈……"

他说完话，又变换成了一副百拙千丑的模样，转身离去。

"师父，他就是九目怪，是一只蜈蚣精。我也是听他的手下们闲聊时才知道的。"敖烈给我介绍道，"您在通天海遇到蜘蛛精了吧。"

《西游记》里面有一回叫"真假美猴王"，这是真假白龙马（敖烈）啊！我赶紧回过神来，对敖烈说："遇到了。"

"那七只蜘蛛精是他的师妹。他原本是被师妹们邀请去通天海品尝师父您的，结果去的路途上发现我，我想后面的事，师父您应该知道了吧！"

在《西游记》里面，有一个多目怪和蜘蛛精的情节。这九目怪应该是多目怪的后代吧！

"嗯嗯，我想他应该是去了蜘蛛精的本岛，发现异样之后，又追到了对峙岛，一直在那儿潜伏着，没想到，结局是看着自己的师妹们被打回原形，所以就假扮你跟随我们到了西关镇。"我接着敖烈的话补充道，"对不起，敖烈，我们平时对你关注太少了，所以也没有觉察出你是否有异样。"我有些自责。

"师父，不怪你们，只怪这妖怪太狡猾了。"

"怎么办？啊……"我突然想到。

"怎么了，师父。"

"你的师兄们现在正在西关镇各自打工挣钱呢,我们怎么通知他们呀。这次死定了。"

"师父,您放心,有我在呢,我一定竭尽全力护您周全。"

我心想:"白龙马跟一匹普通的马没啥区别,需要被喂被遛,也没看见过他太多的表现。在遭遇劫难时,几乎不插足,仅在黄袍怪那一回露过真容。本职工作就是作为唐僧的坐骑而存在。对他的介绍也只是,作为西海龙王三太子的他,因为触犯天条,犯下死罪,幸得观世音菩萨出面,才幸免于难,被贬等待唐僧,后因误食唐僧坐骑白马,而变身白龙马。就这样的一个背景,我到底怎么相信你啊!"

"敖烈,你都有哪些本事啊?"我也想借机了解一下他。

"师父,我是西海龙族的后裔,虽然没有大师兄那么高的法力,但是我也有上百年的修行。等我先了解一下这九目怪的妖法是什么。之后定能想出对策。"敖烈侃侃而谈。

"你跟白龙马是什么关系?"我直言不讳地问道。

"我们是亲戚。他也算是我的先辈。"

"他的本领你都会吗?"我根据之前的经验问道。

"当然了,师父。"

想着《西游记》中,白龙马第一次与唐僧和孙悟空相遇,跟孙悟空打得不分上下。听到这,着实让我放心不少。

"你就用你的能力,冲破牢笼啊!"我提议道。

"师父,我的能力完全取决于您。我跟白龙马先辈一样,也违反了天规,虽有百年修行在身,但是被贬下凡,当您出生的时候，我就被封印在了您身体内，陪伴您修行成长，只有您的能力被完全激发出来后，我才能恢复百年修行的功力。"

"所以说，你也是我？"

"嗯，"他笃定地点了点头。

"那你应该不叫白敖烈？"面对他们的身世套路，我感觉自己已经习以为常了。

"是的，师父，我叫竜敖烈。"他放慢语速，斩钉截铁地说道。

综上所述，客观地评估我们的能力（Ability）是找到适合我们最佳职业的关键。

竜敖烈是我们能力的化身。所谓能力就是我们能够完成某些事情。心理学的研究告诉我们，我们每个人的能力都来源于两个方面：第一是一个人所具有的潜力和可能性，第二是一个人现在已经达到的成就水平。前者是上天赋予我们每个人的特殊才能，是尚未被发展出来的能力，但是它却是我们未来完成某项任务，其可能达到的能力程度，这叫能力倾向（Aptitude）。后者是我们通过后天学习和练习而获得的能力，这叫技能（Skill）。当然，能力倾向也只有被置于适当的环境下或经过适当的学习或训练（技能），才有可能发挥出来。

那么，如何发现你的优势呢？敬请期待下回分解……

第八回　真假敖烈

发现我们优势的能力组合

多元智能理论告诉我们，衡量一个人优秀或聪明与否，考试成绩并非唯一标准。每个人都有自己的优势，回看我们过去的表现与行为，不但可以帮助我们找出自身的优势，还是预测我们未来的表现与行为最为可靠的途径。

敖烈坚定不移的意志给了我极大的安全感，使我在牢笼里踏实地安睡了一夜。

午时饭后，我跟敖烈正一起回想着九目怪袭击我们的细节，"那一束刺眼的亮光到底是什么？"

就在这时，悟能也被他们抬了进来。

顷刻间，只见那迷惘的猪眼睁开后眨了两下，转头看了我跟敖烈一眼，又转回去，慢半拍地惊呼："师父、敖烈，你们不是在书院吗？"

我跟敖烈对视了一眼，无奈地叹了一口气，说："你不是西关镇那著名的店小二吗？"

"师父，别提了。昨日找了一天的工作，没有一家肯要我，我真的很郁闷，"悟能一边说一边双手摸着肚子，然后指着敖烈说，"接着，敖烈就来了，让我去找大师兄和悟净师弟，说您因为要准备给生徒们讲学的内容，所以这几日就不回寺庙了。"

"后来呢？"敖烈自知不是自己所为，继续追问。

"对啦，我记得是你打晕的我。"悟能猛地坐了起来。

"又是我打晕你的？"敖烈忍住心中的怒火说。

"是啊，今天早上，大师兄他们走了以后，我刚准备出门，你就来找我，说有办法帮我找到工作。我就跟着你一路走到西关镇的东南角，你突然转过身来，我就被你身上发出的一束刺眼的亮光照得睁不开双眼，接着就被你敲晕了。你为什么要打我？"悟能生气地说道。

"不是敖烈干的，我跟你的遭遇一样，我们都是被另一个变

身成敖烈模样的妖怪敲晕后，带到了这里。我们还指望你来救我们呢！"我赶紧站出来替敖烈说话。

"有两个敖烈？"悟能的猪脑开始糊涂了，"敖烈，你还有一个孪生兄弟？"

我给悟能复述了一遍敖烈在通天海的经历。

"这只可恶的九目怪，到时看我老瞿怎么收拾你！"悟能气愤地说着。

"不用到时，你现在也可以收拾他。"我调侃悟能道。

奇怪的是，这个牢笼像被施了魔法一样，无论悟能如何运功聚气，都无法施展出在对峙岛的实力，九齿钉耙无数次被牢笼弹回。

"师兄，您是打不开的，这是由玄天寒冰铁所铸的牢笼，坚不可破。你们就别费气力了。"敖烈模样的九目怪又出现了。

悟能转动头颅，对比看着"两个"敖烈，接着威胁九目怪说："等我大师兄来了，有你好受的。"

"他们是不会找来的，瞿师兄，您忘了吗？是您亲自通知的他们，师父最近都不回那破庙。"九目怪虚情假意地提醒道。

"他们没看见我，也会四处寻找的。"悟能不服气地怼道。

"我刚才已经去告诉他们了，说您找工作失败，师父在书院给您谋了一个杂役的工作，您也会跟我们暂时住在书院。瞿师兄，您就放心在这养肉吧。"说完，九目怪扬长而去。

"好奸诈的妖怪。"悟能小声回应道，又扭头问我："师父，我们该怎么办？就这样子等死吗？"

从我们三个被袭击的共性可以看出，这九目怪跟他的祖先多目怪应该会有很多相似的地方。我记得在《西游记》里，多目怪的武功是很一般的，他最强的法力就是他胸前的眼睛能发出耀眼的亮光，我们师徒三人都被亮光所害。所以，九目怪应该也是这样，可见他们擅长的都是大范围的远程攻击。因此，打败他的关键就在于让他胸前的眼睛不发光。

我把思索到的想法告诉了悟能和敖烈。

"我们就把他胸前的九只眼睛挖瞎，不就行了吗？"悟能纯真地说道。

"话虽如此，但我们根本无法靠近他。"敖烈跟着说道。

"我们可以用绣花针。"我突然想到，在《西游记》中，多目怪就败在了一根绣花针上，毗蓝婆菩萨从他儿子昴日星官眼睛里提炼出来的绣花针，因为昴日星官的本相是一只六七尺高的大公鸡，而多目怪的原形是蜈蚣，一物降一物，公鸡克蜈蚣。

"师父，您看这根行吗？"只见敖烈从腰间拿出来一根绣花针。

"敖烈，你怎么会有绣花针？"我诧异地问道。

"我被贬下凡时，观音大士给我的，她让我随身携带，说必能帮我度过一劫。"

"没想到观音大士早就预料到我们会有此番劫难。感谢观音大士的庇佑！"我庆幸道。

"现在的问题是，谁才能让九目怪露出他的九只眼睛？"悟能说出了关键问题。

就在我们一筹莫展之际,外面传来了激烈的打斗声。片晌之间,悟空就打了进来。

我喜出望外地看着悟空,心想:"紧要关头还是悟空最让我觉得踏实。"

"师父,我来救你们了。"悟空高呼着。不一会儿,他就打到了牢笼外。

你看那英雄般霸气的出场方式,一个字——帅。

"敖烈,绣花针不用了,扔了吧。有你大师兄在,这个不需要。"我无比骄傲地说道。

"哦。"敖烈很听话地回应道,然后随手一扔,绣花针就掉进了牢笼底部的杂草里面去了。

只见悟空腾空挥起手中的金箍棒,重重地砸向牢笼,牢笼无损,并以同样的力度反弹,结果狠狠地还了他一击。无论悟空用何种招数,似乎都是一样的结果。

就在悟空百般苦恼之时,只见敖烈样貌的九目怪出现了,站于悟空后方,说:"大师兄怎么也来了?怎么也不提前告诉我一声,我好去门口迎接您啊。"

"妖怪,不要以为你做得天衣无缝,当你假扮敖烈告诉我们悟能很无能时,我就开始怀疑你了。敖烈不是一个多事之人,而且他不会抛下师父,专门去通知我们。你打错了如意算盘。"悟空开始揭穿九目怪。

悟能有些不服气:"什么叫悟能无能啊?"

"你都没找到工作,还想别人怎么夸你,妖都看不起你。"

我赶紧让悟能闭嘴。

"算盘打错了,你们又能把我怎么样呢?"九目怪眼见自己已被拆穿,也不再掩饰。原地转了一圈,露出了本来的面目。

悟空当即就和九目怪打了起来,几个回合下来不分胜负。

打斗中,悟空无意间撕开了九目怪的上衣,九只眼睛,历历在目。

敖烈因为有龙的灵魂和马的躯体,所以,视力异常惊人,他仔细地观察着九目怪胸前的眼睛(如图8-1),慢慢地发现了其中隐藏的秘密。

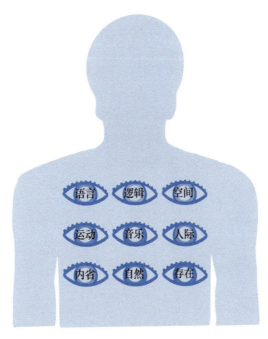

图8-1 九目怪

九目怪一把脱去了衣裳,两肋下黄雾弥漫,九只眼睛开始金光四射,我们仿佛被罩在了无形的光网之中,大家赶紧用衣袖遮住双眼。

我们是第一次这么清晰地观察到那个亮光,我们也终于知道了为什么敖烈、悟能和我最后都这么轻易就被打晕,那是因为只要被这个亮光照到,人就会动弹不得。

即使是神通广大的悟空,对他的这个法术也束手无策。虽能挣脱但近他不得。

我有些慌张了,如果悟空都不行的话,还能靠谁呢?

"敖烈,绣花针呢?"我突然想到,对着敖烈大喊。

"师父,您刚才让我扔了呀!"敖烈一脸无辜地回应道。

"扔到哪儿了?"

"地上。"

"快,大家赶紧找。"我开始发动悟能和敖烈。

"师父,您先平静一会儿,我先把观察到的九目怪的秘密告诉您。绣花针我们一定会找到的。"敖烈冷静地说道。

我稍微调整了一下呼吸,努力让自己恢复平静,专注地聆听着敖烈的发现。

"师父,我发现九目怪胸前的九只眼睛,它们虹膜和瞳孔的颜色是不一样的,而且瞳孔都是由两个字组成的词语。"

"都有哪些词语?"我好奇地问道。

"第一排的三个词,依序是语言、逻辑和空间;第二排的是运动、音乐和人际;第三排是内省、自然和存在。"

"这些词语都代表着什么呢?"我嘀咕着。根据之前的经验,我所遇到的每一个妖怪都在映射我的心魔。所以这九个词汇一定跟我内在的状态有关联。

敖烈说完就投入到了找绣花针的行列。

"语言、逻辑、空间、运动、音乐、人际、内省、自然、存在。"我又把这些词复述了一遍。因为学心理学的缘故,把这九个词汇放在一起的做法,我似曾相识。我开始在大脑中搜索着大学所学的专业课程,当回顾到"能力与智力"的章节时,终于有了答案。这不就是"多元智能"吗?它为什么会出现在九目怪的身上呢?

> 在能力倾向的研究中,最具影响力的是美国哈佛大学心理学教授霍华德·加德纳(Howard Gardner)于1983年提出的"多元智能"概念,他认为我们每个人先天都同时拥有九种相对独立的智慧与能力(即能力倾向)。但在不同环境和教育条件下,我们智能的发展方向和发挥程度有着明显的差异。故而九种智能各有高低。而有些智能之所以没有展现出来,可能是因为我们缺乏后天的学习或训练,但是并不表示将来我们就没有机会发展或表现。正如孔子所言:"生而知之者,上也;学而知之者,次也;困而学之者,又其次也;困而不学,民斯为下矣。"(《论语·季氏》)

按照之前对付妖怪的逻辑,我尝试着回忆这九种智能跟我的关联。我想这正是九目怪来找我的根源,因为面对未来的选择,我最恐慌的就是无能以对。大学多姿多彩的生活,既让人向往,又让人胆怯。因为在基础教育阶段,很多事情都是被老师安排的,我们总习惯于用成绩的好坏和考试分数的高低来评定自己。但是到了大学阶段,除了学习考试,我们还需要去提升综合素质,而这些提升,只有自己更主动地去争取和表现才能获得。虽然在大学的前三年,我用尽办法去弥补自身综合能力的不足,但是自己到底掌握了多少?掌握到什么程度了?如果还有不足,该如何进一步去填补……对此,我从未认真梳理过。

这也是我之前应聘书院讲书一职时,底气不足的根源所在。

> 当我们面对选择的时候,除了要确定行动方向,还要懂得转身回看过去自己的"成就"(这里所指的"成就"是你享受过程且做完让你感到自豪的事情)。这样一方面可以认清我们自身的实力,学会采取有效的行动来坚定方向。另一方面还可以增强我们的自信心,"我都不知道自己原来还拥有这么多能力"。
>
> 心理学的研究表明,自信心的缺乏源自我们总把失败归因于自身能力的不足,却把成功归因于自己的运气,这样很容易产生无助和无能的感觉。其实许多能力不是我们不具备,而是我们都不知道自己已经具备了。因此,找到了自己的"成就"(成功经验),也就找到了我们自信的"支撑点"。

恰在此刻，敖烈惊喜般地找到了绣花针，拿到我面前，说："师父，接下来我们该怎么做？"

"我现在还不太确定，绣花针应该不能直接飞刺过去。我先静思一下，你不要让任何人打扰我，特别是你二师兄。"

"师父，请放心，我为您护法。不过您也不用太担心二师兄，刚才他寻找绣花针时，用眼过度，就直接倒头大睡了。"

看着到这种关头还能没心没肺睡觉的悟能，我也只能朝他翻了一个白眼。

我很努力地回忆着这九种智能的含义，以及它们在我成长过程中的痕迹。我发现在我过去的经历当中，出现频率最高的是：语言、音乐、人际和内省。

> 加德纳强调，我们每个人身上的九种智能彼此相互联系又相对独立。而每种智能都由不同的核心能力所组成，并以不同方式、不同程度有机地组合在一起，使得我们的智能各具特点。所以，"多元智能"所彰显的意义就是告诉我们，每个人都拥有自身的优势，了解了自己的多元智能组合，找到自己与众不同的地方，并在学习和工作中最大限度地发挥这些个人长处，往往能达到事半功倍的效果。

首先看语言智能，它是指我们擅长语言思维与表达，包含听、说、读、写的能力。

"如何证明呢？"敖烈的声音突然出现在我的静思中。

我一下警惕起来。

"师父,您不用担心,我说了,从您出生开始,我就在您体内,所以,我能跟您思维同频,您继续回想,找找能证明您语言智能的证据。"

说到证据,最具代表性的就是,因为我从小就对教师职业十分向往,所以总喜欢把邻居家的小朋友和家里的表弟表妹们组织起来,有模有样地模仿老师给他们授课。我会结合他们的年级,先进行备课,还会写详细教案,并且按照教案进行完整教学。当然,还会定期出试卷考他们。我记得最有成就感的一件事,就是给当时上小学五年级的表弟补了一学期的语文课,期末考试他的成绩提高了20多分。

> 加德纳指出,每个人都是具有一种或多种智能的组合体,其表现出来的优势智能即可作为专业或职业方向。
>
> 语言智能高的人对词义非常敏感,并能熟练运用词语透彻地表达事物。他们的理解能力较强,善于把握别人说话的大意,能完整清晰地表达自己的想法,表现出超过他人的语言理解和运用方面的天赋。他们在学校学习时,喜欢语文、历史等课程。
>
> 语言智能高的人较适合的专业有:教育学、中国(外国)语言文学、新闻传播学、中国(世界)史与法学等。
>
> 语言智能高的人较适合的职业有:作家、诗人、记者、演说家、编辑、律师、教师、节目主持人和新闻播音员等。

当我想到这里时，只见还在跟悟空打斗着的九目怪，其中一只眼睛的亮光消失了，变得清晰可见，我赶紧提醒敖烈仔细看。

"师父，是语言那只眼睛。"敖烈观察后说道。

"你尝试着用绣花针对准飞刺过去。"我告诉敖烈。

敖烈运功后，将绣花针飞速刺出……

"啊……"只听见九目怪一声惨叫，"谁暗算我。"

因为他跟悟空一直彼此追打着，所以也没顾上观察四周的状况，又继续带伤投入战斗。

果不其然，正如我所料，语言的眼睛失去了作用。虽然对他有所损伤，但是他发出的光线依然无法让人靠近。

不过，奇妙的是，新的一根绣花针又出现在了敖烈手中，似乎刺出一根还会出现新的一根。

我们上回说到，能力倾向（智能）的发挥，也需要特定的环境或后天的学习和练习，这即是技能。就像观点因经历而形成那样，我们也可以从过去学习或训练的"成就"经历中去挖掘能力倾向（智能）的展现。

那该从哪些角度去审视我们的技能呢？1972 年，美国学者辛迪・梵和理查德・鲍尔斯（Sidney Fine & Richard Bolles）就把技能做了一个划分，分为三种类型。

专业知识技能（Special Knowledges）

专业知识技能，就是你所掌握的理论知识，即你知道什么。它需要通过背诵、记忆获得。不仅要全面，还要系统，故广度和深度是其评价标准。通常用名词来概述，例如，平面设计、物理学、数学、数据分析、汽车维修、西班牙语、音乐等。

通用/可迁移技能（Functional/Transferable Skills）

通用/可迁移技能就是你所能操作和完成的技术，即你能做什么。它具有通用性，往往通过观察、实践、思考等过程掌握，熟练程度是其评价标准。通常用动词来概述，例如，修建、创造、研究、描绘、分析、指导、建议、治愈、发起等。

自我管理技能或特质（Self-Management Skills or Traits）

自我管理技能或特质是一个人在学习或工作中所表现出来的特征和品质，即你表现如何。它往往通过认同、模仿、内化等途径获得，具有强烈的个人特色，无评价标准。通常用形容词或副词来概述，例如，友好的、自信的、同心协力的、可靠的、热情的、遵守纪律的、灵活的、创新的、足智多谋的、不屈不挠的等。

加德纳认为，每一种智能都有多种表现方式。所以，从某种意义上来说，三大技能也算是智能的三种表现方式。故而我们可以从过往的"成就"故事中去挖掘和梳理与九种智能相关的三大技能的掌握程度，这便成了相对应智能发挥的证据。

有了第一次的尝试，我便一鼓作气，又开始为自己的音乐智能寻找证据。

音乐智能指的是我们在音乐的觉察、辨别和表达上有特别杰出和精准的能力，包含音准、节奏、速度及节拍等。

音乐方面，我深受母亲的影响。她是民歌的资深爱好者，我家里面最不缺的就是音乐声，这也有效提升了我在音乐方面的才能，我对音准和节奏非常敏感。一首新歌只要听过几遍，我就能准确地唱出来。另外，因为练就了一副好歌喉，所以也会把握一些展示的机会。从上小学开始，我就经常参加父母单位和学校文艺活动的歌唱表演环节。

"师父，您真厉害！"敖烈忍不住在我的静思中插了一句话。

只见九目怪音乐眼睛的亮光也消失了。敖烈心有灵犀地飞刺出绣花针。在打斗中的悟空看了我们一眼，明白了我们的意图，根本没有给九目怪喘息的时间。

> 音乐智能高的人对节奏、音调、旋律和音色有敏锐的捕捉能力，具有较高的表演、创作及思考音乐的能力。
>
> 音乐智能高的人较适合的专业有：音乐与舞蹈学、戏剧与影视学等。
>
> 音乐智能高的人较适合的职业有：歌唱家、指挥家、作曲家、乐队成员、音乐评论家和调琴师等。

见状，我继续静思我的下一个智能。

人际智能是指能够有效地理解别人和与人交往的能力。

从童年开始,我最欢愉的时光就是号召邻里同伴,在楼下的篮球场玩乐。之前我也提到过。我很享受在团队中的那份舒适和自在。所以,在上大学后,当接手助人社团的负责人一职后,会去分析社团留不住人的原因,从社团会员的需求出发——对与助人相关的知识和实操技能的渴望,为此,我着手发动身边的人脉资源,引入各类助人工作"大咖",定期组织开展提升会员助人能力的各类讲座、活动,让会员学有所获,最终减少了会员的流失率。所以,我非常在意团队成员之间的协调与沟通。

就这样,九目怪的人际眼睛也失去了作用,刺眼的亮光也暗了些许。

> 人际智能高的人可以敏锐地感知和了解对方的内心需求,擅于与人沟通和促进协作,特别容易在陌生的环境结交新朋友,对于他人的感觉和想法十分敏锐,且容易影响他人。在团体中能起到核心和领袖作用。
>
> 人际智能高的人较适合的专业有:教育学、心理学、军队指挥学、军事训练管理学、法学、社会学、公共管理、管理科学与工程管理学等。
>
> 人际智能高的人较适合的职业有:政治家、外交官、教师、临床医生、心理咨询师、社会工作者、演员、公关人员、律师、主持人、销售顾问、企业家、领导者、管理者、HR 和行政人员等。

我快马加鞭地进入到自己最后一个智能的思考。

内省智能是指我们认识自我,善于对自我进行分析、省思的能力,也就是我们对自己的看法。

曾子说"吾日三省吾身"(《论语·学而》)。内省意识本来就是我们每个人内心世界的核心部分。特别是中国的孩子们,他们的内省智能应该普遍都比较发达。但是他们大部分的内省并未朝向自己内心的需求,更多的是在满足社会和重要他人对他们的期待(画外音:在第一回和第二回中我们也有所提及)。原因有以下三个。

首先是关于陪伴,在中国,有一种期待叫作"孩子,你要乖乖听话"。"80后"孩子童年最不能理解的是为什么从记事开始自己总是被关在家里面。"90后"和"00后"孩子童年最不能理解的是为什么从记事开始父母总是不在身边。直到长大后,孩子才会理解,原来都是挣钱惹的祸。但是父母却忘了,对孩子而言,陪伴才是最长情的告白。

> 爱不仅是陪伴,更需要表达。心理学家庭治疗理论里有一个建议,就是用非言语的方式表达对重要他人的爱。

其次是关于家庭教育,中国父母一般不太喜欢赞美自己的孩子,甚至会在人前故意贬低,因为中国文化强调人要谦虚和低调,所以他们认为赞美别人是虚伪的表现。但如果长期如此,孩子难免会产生自卑或反抗情绪。自卑的孩子会这样想:"噢,

原来我这么差,那还有什么希望呢?"产生反抗情绪的孩子会想:"哼,我都这样用心了,成绩也不是像你说的那样见不得人啊,你怎么老是在别人面前说我的坏话呢?"结果一部分孩子选择就此放任自流,变得堕落不堪(画外音:如果有一天你的孩子变成这样,并不是因为他们太笨或太懦弱,而是因为他没感受到你对他的爱,他需要的是你的赞美和认可)。当然,另一部分孩子则选择继续努力,越挫越勇。

> 心理学家庭治疗理论里还有一个非常好的建议,就是每天坚持找我们重要他人的三个优点,并告诉他。长此以往,这种有理有据的赞美会有效促进我们之间的亲密关系。毕竟人的本性都是喜欢受人夸奖的。而且我们越能赞美别人,表示我们越有能力去发现别人的优点。

最后是关于学校教育,教师们总是会不自觉地去定义"什么样的学生才是好学生",他们的态度和言行就会按照被定义的标准去执行。久而久之,学生也会在自省当中,痛苦地向这些标准靠拢。

> 加德纳教授之所以提出"多元智能",就是要回击传统教育对学生评价的偏差导向,即过度重视考试、分数、文凭、比较和竞争。"人无完人",对"好学生"的界定不

> 应该只是看谁成绩更好、更聪明，而是更应该关注谁在哪些方面表现得更好、更突出。因为只有发挥优势智能，才有可能会带动劣势智能提升。

我也不例外。在家庭和学校的双重影响下，为了做一个"乖孩子""好学生"，也让我慢慢养成了睡前反省的习惯，以此来调适自己的生活，活成父母和老师心目中的样子。

想到此，九目怪内省的眼睛也迅速被敖烈刺伤。

> 内省智能高的人能够清楚地把握自己的情绪，会从各种回馈渠道了解自己的优缺点，并且善于自我激励，懂得根据自己的特点设定适当目标，并能完成。他们具有较强的自尊心、自信心以及自控能力。
>
> 内省智能高的人较适合的专业有：军事思想及军事历史、哲学、战略学、战役学、宗教、教育学、心理学与民族学等。
>
> 内省智能高的人较适合的职业有：哲学家、政治学家、心理学家、教师、小说家、诗人、神学家和宗教人士等。

因为少了四只眼睛的作用，悟空已不再受到亮光的影响了，很快就把九目怪降伏，使其现出了原形——一条六尺长的大蜈蚣。

就在悟空准备一金箍棒了结之际,观音大士从天而降……最终,九目怪被观音大士带去了紫竹林,看守大门。

"师父,九目怪的另外五只眼睛代表的是什么呢?"敖烈因为参与了我的整个静思过程,他不免好奇地问道。

紧接着,我开始给敖烈一一讲解道。

"逻辑智能并非指数学成绩的好坏,而是能有效运用数字、逻辑来推论的能力。"

> 逻辑智能高的人对数字特别敏感,具有强烈的探索欲望,在量化、推理和假设方面优于常人,能做抽象的思考,能系统地解决问题,有进行复杂数学运算的能力,所以人们又通常称这种智能为科学分析的能力或科学思维的能力。他们在学校学习时,喜欢数学或科学类的课程。
>
> 逻辑智能高的人较适合的专业有:统计学、数学、物理学、化学、力学、理论经济学、电气工程、信息与通信工程、计算机科学与技术和材料科学与工程等。
>
> 逻辑智能高的人较适合的职业有:科学家、数学家、物理学家、化学家、银行家、税务人员、会计师、统计学家、侦探、程序员和工程师等。

"而空间智能就是准确感觉视觉世界,并能将其表现出来的能力。"

空间智能高的人善于通过图像进行思考，对色彩有敏锐的感觉，能将视觉和空间的想法具体地在头脑中呈现出来，对视觉空间的感受性很强，能从不同的角度和层面变化来重塑空间，能很快辨别出方向。因此，空间智能是我们进行艺术、科学、数学乃至文学活动都不可或缺的能力。

空间智能高的人较适合的专业有：建筑学、测绘科学与技术、地理学、地球物理学、艺术学理论、美术学与设计学等。

空间智能高的人较适合的职业有：发明家、导游、航海家、飞行员、猎人、雕塑家、室内设计师、画家、建筑师、摄影师和机械工程师等。

"运动智能就是运用四肢和躯干的能力。"

"师父，这应该算你比较弱的部分，对吧？"敖烈回应道。

"是的，从小学开始，我的体育成绩一直名列'后'茅。而且我最怕做动手操作类的事情。"

运动智能高的人举手投足灵巧敏捷、动手能力强、能熟练地控制身体和操作物体，对事件能够做出恰当的身体反应以及善于利用身体语言来表达自己的思想和情感。他们很难长时间坐着不动，擅于从操作中学习。

运动智能高的人较适合的专业有：体育学、交通运输工程、口腔医学、护理学与临床医学等。

运动智能高的人较适合的职业有：运动员、舞蹈家、演员、雕塑家、机械师、外科医生、赛车手、发明家和手工艺者等。

"自然智能指的是对自然观察、辨识动植物的能力。"

自然智能高的人在生活中会呈现出敏锐的观察力与强烈的好奇心和求知欲，能辨识各种事物的细微差别，对事物有特别的分类、辨别和记忆的方式。他们在打猎、耕作、生物科学上的表现较为突出。

自然智能高的人较适合的专业有：考古学、天文学、地质学、大气科学、海洋科学、生物学、环境科学与工程、食品科学与工程、风景园林学、林学、草学、水产、农业资源与环境、植物保护、中医学、中药学与园艺学等。

自然智能高的人较适合的职业有：动物学家、植物学家、生态学家、天文学家、气象学家、地质学家、考古学家、园艺师、环境设计师和农民等。

"存在智能则是指擅长思考人生的哲理。"

存在智能高的人对生命的意义很敏感，会关心"我们是谁""我们从哪里来""为什么会有邪恶""人性的主题

> 在哪里""生活的意义是什么"之类的深层问题。他们会在寻找生命的重要性、生存的意义以及内在深刻的经验中定位自己的能力。
>
> 存在智能高的人较适合的专业有：社会学、中国（外国）语言文学、哲学、天文学、教育学、心理学与宗教等。
>
> 存在智能高的人较适合的职业有：哲学家、天文学家、心理学家、身心灵工作者、宗教人士和诗人等。

敖烈认真听完了我的解释，席地打坐，双手运气于胸前，看样子经此一事，他恢复了百年修行的功力。

我笑逐颜开，转头叫醒了久睡的悟能，真是心宽体胖啊！这么热烈、吵闹的场面，依然能做到酣睡如泥。

九目怪让我认清了自己优势的能力，但也让我看到了自己在逻辑、空间、运动、自然和存在智能上的不足。这些都是我接下来需要提升的地方。尤其是存在智能，我想这也符合自己开启西行之路的目的。

> 诸葛亮曾说过："夫学须静也，才须学也，非学无以广才，非志无以成学。"（《诫子书》）学习心理学家就把能力的发展分为四个阶段：第一阶段是不自觉没能力；第二阶段是自觉没能力；第三阶段是自觉有能力；第四阶段是不自觉有能力。我们学习任何能力都是这样发展而来的。

在没有面对新任务、新挑战时，我们极少有改变的动力。只有当我们产生了"自觉没能力"的危机，内驱力才会被激发出来。我们就会开始寻找各种资源，每天非常有意识地重复学习或练习，逐渐形成能力。接着我们会经过反复实践，直至掌握事物的客观规律，最后变成了"贴身功夫"，能毫不费力地做出本能的反应，就像庖丁解牛那般游刃有余。可见，能力的发展"无他，惟手熟尔"（欧阳修《卖油翁》）。

当然，能力学习的过程一定是从犯错开始的，只有经过一错再错，才有可能尝试到成功，慢慢建立自信心。古语有云"无咎者，善补过也"（《易经·系辞上》）。所以，教育绝对不是一纸文凭，教育工作者不要只看到自己认为不应该的行为，便开始指责，甚至惩罚，这样做有可能会冤枉了所谓的"坏学生"，反而忽视了他的其他优势部分。

"师父，晚上我们能吃点好的吗？"悟能除了睡，还不忘吃。

"你成天就知道吃。"我笑着回应道。

是啊，晚上吃啥啊？也不知道唯一打工挣钱的"悟空悟净团队"的营收情况如何？不管了，先回寺庙再说。

不过，现实问题也立马摆在眼前，面对巨额债务的我，带着这些优势的能力能在西关镇找到工作、赚够钱吗？

在这一回中,唐轩臧西行的第三站面对的"心魔",就是对自己能力的不自信。找到自身优势的能力,重获自信心固然重要,但是在这个强调多元化的社会中,其实每一个智能都是极为重要的。今天的教育,由于过度强调语言智能和逻辑智能,以升学为教育的唯一指标。结果,疏忽了其他智能的开发和培养。毕竟学习考试并非是衡量自己或别人的唯一价值。

加德纳认为,在正常条件下,只要被置于适当的环境下或通过自身的努力,我们都能发展和加强自己的任何一种智能。所以,我们也不需要对自己目前不太占优势的智能过于担心,因为它也会随着时空的变化逐渐累积并发展培养起来。因此,为了适应环境的变化,我们既不能为看到自身拥有的优势而自满,更不能停止提升能力的脚步。孟子就举例说明过,"舜发于畎亩之中,傅说举于版筑之间,胶鬲举于鱼盐之中,管夷吾举于士,孙叔敖举于海,百里奚举于市。故天将降大任于斯人也,必先苦其心志,劳其筋骨,饿其体肤,空乏其身,行拂乱其所为,所以动心忍性,曾益其所不能"(《孟子·告子下》)。

其实教育应该要安排"多元智能"的学习环境,这样学生就能通过多元的渠道发挥他们的能力。儒家就用"六艺"来培养"智、仁、勇"三德兼备的君子。所谓"六艺",是"礼、乐、射、御、书、数"六种行为技能训练或课程。"礼"和"乐"是用来训练"品德"的,"射"和"御"是用来训练"体能"的,而"书和数"是用来训练"知能"的。

最后,回到你自己身上,你优势的能力组合是什么样子的呢?不妨在图 8-2 中用彩笔把你使用频率最高的智能涂满,并从过去的"成就"经历中,分别给它们找出发挥的证据。

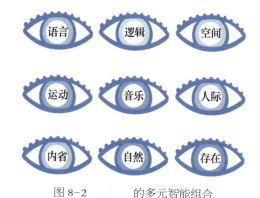

图 8-2 ＿＿＿＿的多元智能组合

优势智能发挥的证据:

_____
_____
_____
_____
_____
_____

再针对近期想你达成的某个目标，试着给自己拟定一份"个人能力提升计划"。

_____
_____
_____
_____
_____
_____
_____
_____
_____
_____
_____

第九回　师徒创业

我们的价值观是如何形成的

当我们面临取舍的挣扎,需要权衡利弊时,价值观便开始进入意识并影响决策。而这些价值观的形成会受到内外环境的影响,内部就是我们所处的需求层面,外部就是环境中重要他人的意见和社会公认的标准。

第九回 师徒创业

在回寺庙的途中，再次骑行在敖烈的背上，尤感心安神定。

霎时就来到了寺庙门前，悟净早已傻傻地在门口等候。现在就属他，我还不太了解了。看着他心醇气和的样子，使我油然而生无尽的遐想：在《西游记》中，沙和尚就是缓和师徒们内部矛盾的调和剂，他经常扮演"和事佬"的角色，总在默默无闻地奉献自己。他不像悟空那样喜欢争强好胜，更不像八戒那样经常临阵脱逃，虽然没有太大的本事，但是他懂得找人来保护唐僧。想想他最常说的四句话——"大师兄！师父被妖怪抓走了！""二师兄！师父被妖怪抓走了！""大师兄！二师兄被妖怪抓走了！""大师兄！师父和二师兄都被妖怪抓走了！"所以他俨然成了唐僧最后的坚守。

想到这，我微微一笑，内心更加期待他的表现了。

只见他赶紧走上前，把我扶下马，说："师父，您受苦了！我已经把饭菜都准备好了。"又搀扶着我进了寺庙。

看着满满一桌饭菜，回想这一路走来，我们师徒五人还是第一次这么围坐着好好地吃一顿饭。虽然只是斋饭，却比八珍玉食还要美味！这是家的味道，真有一种团圆的感觉。

眼看大家都吃得差不多了，我还是最关心我们的生存问题，终于忍不住发问了："悟空，你们卖艺的收益如何啊？"

"师父，我们已经摆摊快五天了，结果是叫好不叫座啊！"悟空有些丧气。

"忙碌一天，也只够我们一日的口粮。"悟净补充道。

"主要原因是什么呢?"我继续问道。

"师父,据我这几日的观察和打听,西关镇这里人流量虽然很大,但是一方面在这卖艺的人比较多,竞争很大;另一方面因为来到此地的人都是为了采购或交换商品,所以大家对看表演的金钱投入也不会太大。热闹之后,人群很快就会散去。因此,不管大师兄的技艺有多高超,也很难挣到更多的钱。"悟净深思熟虑地分析道。

"那我们还得另谋生路。"我回应着。

徒弟们都点头表示认同。

"师父,我们还能做什么呢?"悟能抓了抓他那猪头问道。

"士农工商,这四条路,'士'已然可以排除了。而'农'这块,从耕种到收获需要数月的等待,还得看天气变化而定,况且我们也没有土地和种植技术。'工'这块,我从小都没有太多的兴趣跟能力。最后只剩下'商'这条路了。"

"师父,那我们怎么做?"悟净好奇地问道。

"我们一起创业吧,做一个西关镇没有的,却又是人们所必需的产品。"我笃定地回答。

"创业?"对于这个词,悟能有些懵。

"就是自己来做老板。"我解释道。

因为"就业难",创业已经成为当今大学生毕业后的又一选择,但是创业成功的却寥寥无几。因为面对创业,大部分人的心态都是,创业就是要去找到一个赚钱的机

> 会。但现实是，抱有这种心态的创业者最终都血本无归。无数创业成功者的经验告诉我们，创业应该考虑的是如何解决顾客的需求，能为顾客提供什么样的差异化产品，能带给顾客怎样的独特体验。

大三下学期时，学校就邀请过一批优秀的师兄师姐回母校分享自己创业成功的经历，我认真聆听后发现，虽然每位师兄师姐成功的路径不一样，但是都有一个共识——找到满足目标顾客需求的机会，这才是创业成功之根本。不过，这事说着容易，做起来却很难。如何找准我们的目标顾客？怎样从顾客的思想去定位产品？如何打造我们的优秀团队？如何将想法落地执行……这些都是创业者所需要面对的问题。毕竟市场远比我们想象中的要大而复杂。

不过，好在作为一个现代人的我，面对明朝的市场，还是有些许信心和把握的。终归可以以史料上记载的内容为依据，来做出相对准确的判断。

明朝正统十年，正处于明朝中期。我记得历史课上讲过，明朝中后期商品经济日益繁荣，国际贸易一度活跃。我在头脑里面搜索着对我们创业可能有价值的信息，最后发现了五点：一是原产自美洲的玉米、红薯传入中国，经济作物大量种植，提高了粮食产量；二是许多原本用以种植粮食作物的耕地改种桑树、棉花等经济作物，使得棉纺织业等手工业生产领域发展

迅速；三是中国的丝织品和瓷器等手工业品在国外受到追捧；四是外国无合适商品与中国交换，不得不用白银支付，因此，美洲和日本的白银流入中国，增加了国内白银的总量；五是整个明朝时期，万历年间以前的税收以农税为主，由于在开国初期，商业受到元朝掠夺性的破坏，所以明太祖朱元璋为了恢复商业，宣布对大部分商业免税，征收的商税也很轻，"凡商税，三十而取一（画外音：也就是说，商税才收取3.3%），过者以违令论"（《明史·食货五》）。

我一直沉浸其中，越想越兴奋。

"师父，我们该怎么做呢？"悟净再次问道，也因为他的话，才打断了我的思绪。

"我们就做西关镇的首家购物超市。"

"师父，什么是超市？"悟净没听懂。

"说白了就是我们不制造商品，我们只做商品的搬运工。我们把顾客可能需求的商品集中在一块，他们只要来我们超市就能买到所有想要的商品。而且我们价格一定要低于市场价，这可以去跟供货商谈。另外，我们还要关注那些红毛鬼和倭人的需求。总之，我们的目标就是要在顾客的心目中确定与众不同的、有价值的地位。"我豪情万丈地说道。

"师父，虽然听着有点晕，但是我们相信您。您看我们第一步需要做的是什么呢？"悟净跃跃欲试地说。

"筹集资金。"

就这样，在我的精细安排下，我们开始了创业之路。次日一早，我跟作为我们 CFO 的悟净去找投资人，谨慎稳重的敖烈去做市场调查，腿脚麻利的悟空去找货源，憨态可掬的悟能则去镇上的集市找铺面。

"师父，我们去哪里筹集资金啊？"悟净边走边问道。

"钱庄。"

历史课本上说过，我国最早的银行叫"钱庄"，在明朝中叶形成，是银行的雏形。起源于银钱兑换，后逐渐发展出办理存放款项和汇兑等业务。

悟净摸摸脑袋，他从昨天开始就懵圈了。

"悟净，你去找路人打听一下，西关镇的钱庄有多少家，具体位置都在哪儿？"我没做过多解释，安排道。

一时半刻后……

"师父，我打听到了，他们说一共有五家，而且都在集市那边。"

"那好，我们就去集市吧！"

……

正如悟空探查的那样，这里汇集了琳琅满目的各色商品，吸引着川流不息的人群，呈现出一片车水马龙的繁华景象。

古代钱庄是靠收汇兑手续费赚钱的，而且早期的钱庄是不给存钱者利息的，相反还要收取保管费。因此，我心中想好了一套说辞，来打动投资人。我想借用今天银行的盈利模式来跟钱庄谈，也就是钱庄给我们发放贷款，可以通过收取利息来赚钱。

理想是丰满的,现实却是骨感的。当从第五家钱庄走出来后,我的信心已跌碎了一地。因为理念太过超前,没有哪家钱庄的掌柜可以接受,都生怕我们拿了钱跑路,再加上我们又不是本地人。

就这样,我耷拉着头,灰头土脸地准备回寺庙去了。

就在走出镇南大门不久,悟净有些兴奋地指着桥对岸,突然大叫着:"师父,这里还有一家钱庄。"

我抬起"沉重的"头颅,眼前出现了四个大字:金银钱庄。

"怎么刚刚走过这里的时候,没有注意到呢?"悟净看出了我的消沉,鼓励道,"师父,不管怎么说,我们再去谈一次吧!也许这家掌柜能接受您的提议呢?"

反正现在也只能死马当活马医,我又再次鼓足干劲走了进去。

还别说,这家钱庄从装潢设计到整体布局,再到服务接待都跟之前那五家不太一样,而且看样子应该是才新开不久的。

我简单表明来意之后,前台店小二就直接带我们去见了掌柜。

在一个房间等候了一会儿,只见一个个子不高,长着鞋拔子脸形的人走了进来。我想这应该就是掌柜。

"这是我们钱掌柜。"店小二介绍完就离开了。

"钱掌柜,您好!"我赶紧问候道。

这家的掌柜跟之前那些冷漠、高傲的掌柜形成了鲜明对比,穿着和行为举止都十分儒雅得体，印象最深刻的莫过于他头顶非常独特的葫芦造型。而且他话不多，对我的提议也听得非常认真，还不时地点头回应，这给我增添了不少信心。

"钱掌柜，我们最近有一个赚大钱的点子……"我开始详细介绍着自己的创业项目，"现在，我们遇到的最大问题就是银子，所以，想在您这贷款。也就是您借一笔钱给我们，您按天数计算利息，我们最后会连本带利地还给您。这种方式可以让您赚更多的钱。"

"说实在话，我们刚开业不久，也在寻找其他更好的赚钱方式。"从他的表情我可以看出，他对我的提议非常感兴趣，"请问怎么称呼您二位？"

"我叫唐轩臧，这是我的徒弟，他叫悟净……"因为我不太清楚悟净的全名，我边说边看了悟净一眼。

"嘉悟净。"悟净赶紧补充道。

"你们大概需要多少银子？"掌柜直奔主题。

"一百两。"我也鼓足勇气回应道。其实，还没具体盘算过，我想应该差不多。

"烦请您二位先稍等片刻，我先去盘点一下银子，再核算一下您说的利息。"掌柜说完，就走出了房间。

"师父，皇天不负有心人，您的努力，让我们终于有创业资金了。"悟净激动地说道。

我满脸堆笑着。

"唐轩臧。"

"到。"我下意识地回应道。

就在这时,我感到一股强烈的气流吸附着我朝房门口的方向移动,而且我的身体也在逐渐缩小,只见一个葫芦出现在我眼前,"嗖"的一下,我被吸进了葫芦内。

片刻后,我在葫芦内又听见外面震耳欲聋的打斗声……

"嘉悟净。"又是一声叫唤。

"我在。"悟净似乎也是下意识地答应道。

须臾之间,只见悟净也被吸了进来。

"师父,您还好吧?"悟净进来后,第一时间关心着我。

"我没事。"

"师父,刚刚我看见门口站着的就是钱老板,不过,跟之前不一样的是,他鼻子上长了一个金银相间的角,头顶的葫芦不见了,而手里却拿着一个葫芦。我眼看着您被葫芦吸进去了,就冲上去就跟他打斗起来。不知怎的,最后我也被吸了进来。"悟净把观察到的情况告诉了我。

看这手法,他应该是《西游记》中金角大王和银角大王的后代。当年,银角大王手中就有一个紫金红葫芦。它的威力极大,只要叫上一声别人的名字,其若应了,就会被吸进葫芦中,如果随即贴上"太上老君急急如律令奉敕"的帖儿,一时三刻便会化为脓水。

我们现在的处境是资金还没筹到,反而可能丢了性命。

悟净尝试腾飞和施展法术,葫芦内像被施了魔法一般,一切术数都被禁用了。

"唐僧，你就好好在里面给我待着吧，待一时三刻后，我就可以喝一碗长生不老的浓汤了。"只听见葫芦外，发出一个沾沾自喜的声音，"我金银角大王今天总算是替祖先们完成夙愿了。"

我心想："还真是他们的后人啊！"

我又被妖怪抓住了。是啊，没有提及抵押物或担保人就答应给我们贷款了，这肯定是陷阱啊，我真是麻痹大意了。这次再指望悟空应该是不太可能了。

我随即开始跟旁边的悟净互动起来，问道："悟净，我刚刚听到你介绍说，你姓嘉，对吧？"

"是的，师父。"我早已经猜到，他不是沙悟净。

"你大概是什么时候来到我身边的？"

"师父，我比师兄弟们都来得稍晚一些，当您开始有需求的时候，我就出现了，因为你期待被回报。后来，在您的成长历程中，您的父母、亲朋好友、师长等，都会把他们认为'对'的想法强行塞给您，您还记得吗？比如，以前您想当一名科学家、数学家，这真的是您所想的吗？其实大部分都是您父母或社会的期待，有时您并不自知，因为当时您太弱小了，无力反抗，慢慢地这些期待会深入骨髓，就这样被您所内化了。只有当您面临矛盾冲突或者选择改变的时候，我才会再次出现。所以，从小到大，我就一直这么默默地被压制着，陪着您，在您之前的人生之中，我只是偶尔出现一下，但往往又会被外力压制回去了，只有当您被触及底线时，我才会被激发出来。"

悟净的告白，深深地刺痛着我内心深处的那根弦。大部分人的人生不是自己要走的,而是被身边的人逼迫着走的,走着走着就迷失了自我。

"我们的人生不怕混乱,但不能迷失。"我感慨道。

"师父,您有没有注意到这葫芦的内部结构。"悟净开始回归正题。

"不说不知道,这一说,还真是,整个葫芦内部被分成了五层,如果把这五层的边缘用线条连接在一起的话,特别像一座古塔。"

悟净又使出全身力气,用降妖杖劈向葫芦的内壁,依旧无果。

不一会儿,葫芦外又传来金银角的声音,"你们不要白费力气了,困在我这五层妖塔里面,你们就休想再出来。哈哈哈……"

我跟悟净四目相对,齐声说:"五层妖塔。"

这五层妖塔是什么?它不是《西游记》中的紫金红葫芦吗?为什么是五层?这里面蕴含着什么样的玄机呢?

许多人很难确定自己真正要的是什么。比如,也许很少有学生想过希望从大学或一份工作中获得什么。

嘉悟净是我们个人价值观(Value)的化身。价值观源于拉丁文词根 valeo,词根的意思是"坚强起来"。当我们找到真正有价值的事情,内心就会充满动力,感觉自己能一直坚持下去,即为"坚强起来"。由此可见,价值观是一种内心尺度，它指向我们内心最重要的东西，也就是价值大或价值靠前的东西。它决定了当下什么对我们最重要，什么对我们不重要，什么是有意义、有价值的，什么是无聊的、乏味的。因为我们只想做自己认为有价值和相信的事情，所以价值观成为我们用来判断事物、观点或事件的原则、标准和底线，它告诉我们什么样的目标值得追求。

价值观的形成往往受内外环境的影响。一方面，价值观与我们的需求是相依的，它的形成与我们需求的内容相关；另一方面，价值观是后天习得的，它的形成常受到父母、学校、朋友、偶像、社会或宗教等因素潜移默化的影响。这种影响是不知不觉的，一旦深入骨髓后，不但不易被察觉，而且会化为某种驱力，推动我们往特定的方向发展，有时会让我们变得痛苦不堪。这也是许多人喜欢把自己的价值观作为标准来评判和影响他人的缘由，"我这个是对的，你那个是不对的"。

人和人之间的冲突，常常是因不同的价值观所造成的。其实价值观本身，没有好坏对错之分，只是我们对于哪一项条件的重视程度而已。俗话说"人各有志"（陈寿《三国志·管宁传》），我们要"允许存在"，应该接纳和尊重每个人的想法，不要取笑、讥讽或批评别人。所以，孔子明确提出"君子和而不同，小人同而不和"（《论语·子路》）、"己所不欲，勿施于人"（《论语·颜渊》）。况且随着年龄、经验、心境、外在刺激、生命阶段或社会环境的不同，我们的需求会发生改变，从而可能导致价值观的变化。所以，如果没有深入探索和思考自己的价值观，我们可能会在无关紧要的事情上花费太多的时间。因此，我们需要不断对价值观进行审视、澄清和排序，这样才能知道当下该如何取舍。

那怎样才能认清你当下的价值观呢？我们下回分解……

第十回　悟净坚守

厘清我们当下的价值需求

我们越清楚自己的价值观,就越明确自己在工作和生活中想要寻求的是什么。需求层次论可以帮助我们去回顾和唤醒内在的价值观。当一份职业或专业能给予我们重视的意义和价值时,它才是我们的"如意郎君"。

我们只有"一时三刻"的时间逃离这五层妖塔。

"师父,您看这五层妖塔,每一层的颜色都不太一样,而且在每一层葫芦的内壁上都刻有一个图案。"悟净惊奇地说道。

的确,五层妖塔从下往上看,如图 10-1 所示,第一层刻着一张张开嘴的图案。第二层刻着一把锁的图案。第三层刻着两个人手拉手的图案。第四层刻着双手捧着心的图案。最后一层刻着一对翅膀的图案。

图 10-1　五层妖塔结构图

"这些图案应该都带有某种特殊的寓意。"我回应道。

当我们还在琢磨着的时候,最顶层的图案,那对翅膀突然从葫芦内壁剥离了出来,变成了一对白色的、宽有丈余的、栩栩如生的羽翼。它缓缓地飞到了第五层的正中央后,快速地拍打着。随即形成了七彩金光，洒满了整个葫芦内部。

突然，眼前一团亮光挡住了我的视线。

当我再次醒来时，发现我回来了，回到了现代社会，回到了我的家。只见爸妈正忙碌着给我准备晚餐。我已经快一个月没吃过妈妈煮的饭菜了，红烧肉、辣子鸡、泡椒板筋、折耳根炒腊肉、青椒肉丝……我口水快流了一地。风卷残云之后，又满足地吃着爸妈精心准备的餐后水果，杧果、奇异果、西瓜、提子、菠萝……一阵囫囵吞枣之后，爸妈又端上了各种消夜点心，芝士蛋糕、草莓蛋糕、巧克力蛋糕、杧果慕斯……我一边吃还一边盘算着第二天的用餐计划，肠旺面、牛肉粉、老素粉、羊肉粉、湖南面、辣鸡面、糯米饭……我已沉醉在满满的食物当中，吃了这么多，也没有饱腹感，相反还是感觉很饿。而父母就这样不知疲倦地端来各种食物。

就在这时，一个声音打断了我。

"师父，您快醒醒……师父，您不要被妖怪迷了心智。"悟净用力摇晃着我的身体。

我这才从美梦中渐渐苏醒过来，有些遗憾地说："唉，原来只是一场梦啊！"

"师父，您刚刚中了妖怪的幻术，差一点走火入魔。"

"那我有什么表现？"

"您一直围着葫芦内壁游走，疯狂地往自己嘴里塞东西，像是在吃东西一样，还不时哈哈大笑，笑声越来越大，几近癫狂。所以，我就赶紧叫醒了您。"

"你看见我在吃什么了吗？"

"我一直看您在空气中乱抓，然后塞进嘴里。"

方才确实很奇怪，我梦见自己在家吃着各种美食，但是父母面对我并没有太多的表情，吃了这么久，也没有跟我一起共进晚餐，更没有与我有任何一句交谈。

悟净的话音刚落，葫芦突然剧烈震动起来。

"您二位还清醒着呢，没看见什么吗？"金银角的声音再次传来。

"妖精，我们是不会让你的奸计得逞的。"悟净使出吃奶的劲，大吼道。

"现在已经过去两刻了，我有的是时间等。"金银角淡然地回复道。

看来此葫芦真的非彼葫芦啊，它跟《西游记》里面的紫金红葫芦不太一样。紫金红葫芦是被吸进去，贴上符咒后，一时三刻就会化为脓水。而这个外为葫芦，内实为妖塔，被吸进去后，妖塔会施以幻术，在幻术的作用下，让人发狂，化身成魔后，溶于塔内。

"师父，我们现在只有一时一刻的时间了。我发现幻术对我没有作用，而对您是有用的。它能攻击您的精神，让您产生幻觉，说明您过往一定有与之相对的伤痛。"

"我对美食确实有过度的贪欲（画外音：原来你就是这么肥过来的），但是在幻境中，父母总是怕我吃不饱，我想这可能也反映出自己对未来的担忧——我能找到一份让自己衣食无忧的工作吗?"

美国心理学家亚伯拉罕·哈罗德·马斯洛（Abraham Harold Maslow）认为每个人都需要成长并实现他的最大潜能。为此，他开始研究历史名人，如政治家亚伯拉罕·林肯（Abraham Lincoln）、政治哲学家托马斯·杰斐逊（Thomas Jefferson）和发明家本杰明·富兰克林（Benjamin Franklin），以及一些他所在时代的伟人，如物理学家阿尔伯特·爱因斯坦（Albert Einstein）、和平运动者简·亚当斯（Jane Addams）和心理学家威廉·詹姆士等60人的言行事迹。他发现，这些人不仅基本需求（食物、住所、爱和尊重）得到了满足，而且还能自由追求更高级的理想，这些都源于需求成了驱使人们行为的动力。正如他所说的那样，"当你为了仔细研究而选择出优秀的、健康的、强壮的、有创造性的人们……你就会对人类得出一个完全不同的观点。你会问人们能长多高？人会变成什么样？"

马斯洛于1943年发表了《人类动机理论》一文，正式提出了需求层次论，之后又不断地加以发展。他将我们的需求按重要性和层次性，像阶梯一样从低到高、从基本到复杂分为五种：生理需求、安全需求、社交需求、尊重需求和自我实现需求。他认为，这五种需求都是人的最基本的需求，这些需求是天生的、与生俱来的。

"师父,您之前有过这样的感受吗?"悟净回问道。

"有过,但是不像今天这么强烈。"

今天的幻境实为我内心的投射,我似乎一直都过着锦衣玉食、高枕无忧的生活,从未想过,这些其实都是父母一直在帮我扛着许多自己应该去承担的责任。所以,面对即将到来的选择时,我并未真正重视,甚至可以说一点也不着急,总以考研为借口在逃避找工作这个议题,因为即使考不上,父母也会继续养着我。正因如此,实际上我也没有全心投入去准备考研。

"师父,那您有何打算?"

"虽然衣食无忧是我所期待的,但是我还想搞清楚,除此之外,工作对我的意义和价值又是什么?我想这也是我一直在逃避选择,迟迟不愿意行动的根源。"我坚定地说。

由此可见,在这一层我所呈现出的工作价值观念就是经济上的报酬。

> 马斯洛曾说过:"当没有面包时,人类只能依靠面包而生存是一个事实。"故事中,五层妖塔的第一层即为生理需求层。对于生活,我们需要什么?我们需要维持温饱,又需要有房子住,还需要睡觉休息,这些都是基本的生存所需。如果此类需求得不到满足,我们就无法生存,无法维持生命,会导致营养不良,甚至生病。此时,生理需求就会消耗我们所有的注意力,我们也不会产生关心他人或者被他人表扬的需求。比如,当我们处于半饥饿状态

时，我们就会不断地想到、梦到、谈论到食物。但是为什么当基本需求都被满足了，我们还是不满意呢？

一个人的价值观并不一定是他此刻的需求，其实我们的需求有的时候也并不一定指向我们的终极价值观。

当我刚说完这话，就像触碰到什么机关一样，五层妖塔的底部犹如电梯一般突然托着我跟悟净徐徐上升到了第二层。

最顶层的翅膀再次煽动起来，七彩金光再次洒下。悟净赶紧让我紧闭双眼、屏住呼吸。

过了一会儿，当我再次睁开眼睛时，我跟悟净的面前出现了一个巨大的入口。

"悟净，我们又中幻术了吗？"

"师父，我现在也不敢肯定了。在第一层时，我确实没有出现过任何幻境，但是此刻我也能看到。不知道这个入口通往哪里？"悟净也有些疑惑，"师父，要不您先在原地休息，我先进去查探个究竟。"

悟净说完，手握降妖杖就冲了进去。

不知过了多久，我开始忐忑不安起来。如果我继续等下去，很快就会被溶解掉了。反正都是一死，倒不如搏一搏，或许还能有一线生机。

就这样，我鼓起勇气走了进去，越走越感觉不对劲，觉得像是走入了迷宫，一直在原地打转或走入死胡同。不要说走出去了，现在连刚才的入口都找不到了。我尝试着大喊悟净，也没有得到任何回应。我想："这个迷宫到底有多大啊？"

"你们还活着呢，真够顽强的。"金银角又发话了，"现在又过了两刻，看你们还能坚持多久？"

又过了两刻，现在应该只剩下不到一个时辰了。怎么办？

我现在有些张皇失措了。难道正值青春年华的我，就要葬身于此吗？呜呜呜……我心不甘啊，我的美好人生才刚刚要开启啊！

"我就是想要有份有固定薪水、稳定且让自己身心都愉悦的工作，有这么难吗？"我声嘶力竭地呐喊着内心的期待。

就在这时，迷宫的墙体突然裂开了，并开始向两边平移，开辟出了一条道路。只见不远处出现了一个门，门上刻有五层妖塔第二层锁的图案，门的正上方写着"出口"二字。

此时，悟净也出现在了通往出口的道路上，他迅速奔向我，并递给了我一把钥匙。

"这是什么钥匙？"我问道。

"师父，我也不清楚，当迷宫墙体开始裂开以后，我手上突然出现了这把钥匙。我想这是不是打开出口大门用的。"

我接过钥匙后，那把锁的图案慢慢从门上剥离了出来，我径直走了过去，把钥匙插入到钥匙孔里面，果不其然，锁被打开了。我们面前出现了一个旋转楼梯。因为时间紧迫，容不得多想，我们赶紧爬向了五层妖塔的第三层。

"当人有水喝之后，才会去选杯子"，当我们能维持生活的基本水准后，就希望能够长时间地生存，生活稳定，工作的环境安全，免遭痛苦、威胁、恐惧、混乱或疾病，拥有家庭、身体健康以及财产，最好是"五子登科"——房子、车子、票子、妻子、孩子，样样具备，这就是安全感的需求。故事中，五层妖塔的第二层即为安全需求层，它同时包括生理安全（避免危险）和心理安全（安定、秩序）。马斯洛指出，大多数人面对未来倾向选择"可预见的"胜于"未知的"；偏好有秩序的而非混乱的情境。当未来不可预测时，这些需求就特别突出。如果缺乏安全感，我们就会感到自己受到威胁，觉得这个世界是危险的、具有敌意的，进而产生焦虑或恐惧感，变得不敢表现自己，不敢拥有社交生活，甚至会自暴自弃。我们会大量存钱，或者放弃高收入高风险的工作，而去从事安全稳定的工作。

马斯洛提出，人的需求有一个从低级向高级发展的过程，这在某种程度上符合人类需求发展的一般规律。一般来说，只有我们下一层次的需求相对满足了，才有可能进一步浮现更高层次的需求，追求更高一层次的需求就成为驱使我们行为的动力。当然，需求越基本（如生理需求）所体验到的能量就越强大，因此试图压抑和束缚它也就越困难。中国的管仲早于马斯洛，于两千多年前就提出了类

> 似的主张。他说:"仓廪实而知礼节,衣食足而知荣辱。"
> (《管子·牧民》)
>
> 不过,马斯洛所提的需求特定顺序,也不是完全固定的,而是可以变化的,还有种种例外情况。例如,我们偶尔会为了追求较高层次的需求而忽略了饥饿的存在。

我一边爬,一边回想着,能突破第二层,完全是因为我表达出了一个自己对工作的价值观念:工作的稳定性。

当我们推开第三层的大门后,顶层的翅膀又开始拍打着,七彩金光又洒满了整个塔内。悟净这次也选择了跟我一起闭上双眼和屏住呼吸。当我们再次睁开双眼时,被眼前的景象震撼了。这是一个从地板到墙壁,再到天花板,全部都是由无数块玻璃所构成的世界。每块玻璃上好像都在播放着什么图像。再仔细一看,我惊呆了。这些画面是自我出生二十年以来,所遇到的人以及跟他们发生的互动联结。有跟父母亲人的温馨画面,也有冲突的画面;有跟朋友同学的嬉戏画面,也有矛盾的画面;有跟路人的微笑画面,也有无视的画面……它们就这样不断地重复播放着。

我缓慢地走在记录着自己成长的玻璃图像中。奇妙的是,当我的脚踩在了哪块玻璃上,它就会发出画面中的对话声。

走了一小段后,我突然停住说:"悟净,走到这第三层,我终于明白这五层妖塔与我的关联是什么了。"

"是什么啊,师父?"

"它在映射着我的内在状态，前两层反映了我的基本需求，一方面父母让我不愁吃穿，另一方面父母和学校也一直在庇护着我，生存问题都解决了，我自然也不愿意去做其他任何的尝试和行动，所以我根本就不想改变现状。"

> 追求满足感和安全感是人类最基本的需要。这也正反映了中国"啃老一族"的心态，更是时下大学生"慢就业"现象的主要根源，他们并不是找不到工作，而是主动放弃了就业机会，因为他们有父母这座靠山可依。所以，古人才总结出了"严父出孝子，慈母多败儿"（《增广贤文》）的育儿观。马斯洛指出，未被满足的最低需求具有最大的迫切性，要求我们给予更多的关注和精力。特别是生理需要，因为它与我们的生存直接相关，就成为推动我们行动最首要的动力。

"师父，这一层呢？"

"看着从出生，再到翻滚、爬行、坐立、行走、奔跑、跳跃的我，无不是在父母的细心呵护下成长，直至离家千里在外求学，这些画面不禁让我感受到父母对我的无尽关爱和呵护，更让我看到了他们为了这份爱所付出的代价。有了他们，才让我的生活变得如此温暖。这就是一种不计回报的血脉联系吧！"我如泣如诉地说着。

"师父，我还看到了好多您跟很多人在一起的画面。"

我擦了一下眼角的泪痕，说："我在大学这三年待得最久的团队有两个，一个是我之前说过的助人社团，还有一个就是院学生会。团队的指导老师非常信任我，给了我很多精神和物质方面的支持，这也让我做出了很多开创性的事情，比如开创了学院的寒暑假心理学知识实践活动，带领团队承办学校的心理文化节等。这些都扩大了团队对外的影响力，也吸引了更多的人参与其中。直到现在，指导老师都不愿意让我退出团队。而我自己也不愿意离开。当然，每天投入大量的时间做管理工作，这也成为我回避选择的最好借口。"

我话音刚止，塔顶的翅膀忽然化作一双半透明且巨大的手，从上往下缓缓伸长，直接把我跟悟净拉到了第五层。

> 马斯洛指出，"现在人们强烈地感受到自己缺少朋友、妻子和孩子，人们渴望在与人交往中得到关注，尤其是在群体或家庭中"。故事中，五层妖塔的第三层就是社交需求层，又称爱与归属的需求。它是一种依附、亲近他人的需求，也就是"给予爱"与"接受爱"的需求，感觉到其他人关心自己，并觉得自己是重要团体的一部分，或是家庭的一分子。所以，这些需求可以通过与家人、伴侣或朋友的亲密关系，或是在团体里的社交关系中逐渐发展出来。如果此类需求得不到满足，我们就会感觉不到爱，没有集体的归属感，感受到深沉的孤独，甚至导致行为失调和病态。这也是造成我们情绪适应不良的基本原因。

当我还在纳闷，为什么越过了第四层时，突然被第五层的万籁俱寂所吸引。整个空间，除了正中央立着一面人形高的镜子外，四周空空如也！

"恭喜你，来到了第五层。"只听见镜子里发出了声响，"你是我诞生千百年以来，第十位到达这里的人。"

"为什么我可以跳过第四层？"我忍不住内心的好奇问道。

"因为你在第三层时，就让我感受到了，来自于你自己和别人对你的肯定，这就是第四层的通关密钥。"

如果你身体饱足，也感到安全舒适，并且有了社会归属感，你的重心将移到追寻价值感上，也就是喜欢自己，视自己为能干而有效率的人（即自我尊重），并从事一些能够赢得他人欣赏、赞扬和肯定，或社会定义的成功的事情（即被他人尊重）。这也是故事中五层妖塔的第四层——尊重需求层。满足了尊重的需求，可使我们对自己的能力和价值充满信心，也能帮助我们在生活的各方面变得更有能力与生产力，更富有创造性。马斯洛认为这种需求是必须要得到满足的，我们不能自欺欺人地认为自己是受人尊重的或者是处于权威地位的。虽然我们有金钱、亲人和朋友，但若是缺乏自我尊重和被他人尊重的需要，我们会有自卑、软弱、无助及沮丧等低劣感和无价值感，没有足够的信心去处理面临的问题。

原来我在第三层已经呈现出了我对温厚的工作氛围、他人认可和获得成就感的期待。

我慢慢地走到镜子面前，说："我怎么才能打开这五层妖塔呢？"

只见镜子里的我开始对我说话："这不取决于我，而在于你自己。"

接着还没等我反应过来，镜子中的我突然伸出了双手，一把将我拉了进去。

镜中的世界并没有想象的那般美好，漆黑一片，伸手不见五指。

"你到底是谁？"我有些畏怯地问道。

"我就是你啊。"声音从我的四周发出，"我可以是过去的你，也可以是现在的你，还可以是未来的你。你想见到什么时候的你？"

这个对话让我感到有些头晕目眩。我就随口一说："我想见二十年后的我。"

只见四周原本黑暗的区域开始被一点一点的微光点亮。仔细一看，这些微光充斥着各种颜色，就像星云一般。不对，好像就是一团一团的星云。我俯身向下看，不远处是一个蔚蓝色的星球。

"这不是地球吗？"我惊讶道。

我仿佛悬在空中，整个人置身于浩瀚的宇宙里，无数的星辰在周围闪闪点点。

　　我还在荡魂摄魄之时,一股巨大的拖拽力将我从外层空间拉向了地球。虽然我不恐高,但是这个过程还是蛮令人心惊胆寒的。穿过白色云雾缭绕的大气层,继续向下飞行,渐渐看到了地表植物的绿色,进入到了城市上空,慢慢看清了城市的轮廓、高楼大厦、街道、车辆、行人,直至进入到了某栋大楼,站在了某个房间的门外。

　　当我在空中鸟瞰地面时,就发现我一直飞往的是一所学校,而这幢大楼则是学校最高的建筑,应该是教学楼吧。大楼周边绿树成荫、花草相映。大楼正前方是一片空旷的绿草地,楼后方是一片波光荡漾的人工湖,湖中心还有一座喷泉。这难道就是二十年后我工作的地方吗?

　　站在门外的我,此时显得有些惶恐不安。

　　为了不虚此行,我深呼吸了两下,还是勇敢地敲响了房门。只听见里面的脚步声慢慢逼近,站在了门的另一边。门就这样打开了,二十年后的我就站在了我的面前。

　　似乎他早已知道我要过来,看见我之后,马上露出了如沐春风般的笑容,接着满腔热情地跟我打招呼:"你好,小唐唐,我是二十年后的你,大唐唐。"

　　"您好!"我有些不知所措地回应道。

　　我上下打量了一下,这个自称是未来的我的中年大叔。一身笔挺的西装外套、淡绿色的衬衫、擦得锃亮的皮鞋。他看起来温文尔雅,言行举止可谓不拘形迹。乍一看,我跟他除了容貌相似以外，可以说是完全不一样的人。当然了，他长得比我老，比我更肥，在他面前我就只剩下这点自信了。

他邀请我坐在他办公室的沙发上，随即给我倒了一杯我最爱喝的葡萄汁。从这点上看，他对我真的蛮了解的。坐下后，我才发现房间里堆满了各类书籍，尤其是心理学类的书籍。房间虽然比较拥挤，但是却不杂乱。桌上的电脑还开着，我想之前他应该一直在工作。

"你为什么想来看二十年后的我？"他先好奇地问道。

之前因为太过紧张和焦虑而没注意到他的声音有些低沉和沙哑，可能是太过疲劳的缘故。

"我真没想这么多，我以为那面镜子是骗我的，所以就随口一说。"

"其实这种下意识也可能反映出你内心的某种期待。"

这么说来，也不无道理，我又接着说："我想也许是期待自己能尽快逃离现在面对选择的痛苦，所以，想看看未来二十年后成功的自己吧。"

> 为了逃避痛苦，我们常常寄希望于充满未知的未来，选择不为。可是没有现在，哪来的未来。对话未来，也仅是为了让我们调整自己，毕竟"千里之行，始于足下"（《道德经·第六十四章》）。

他专注地聆听着我的回答，然后说："那你有什么想问我

的吗?"

"我非常好奇,这二十年您是怎么走过来的?"

"也没什么特别的。我今年42岁了,别人也许会觉得我是很成功的人,大学教授、宜室宜家、父慈子孝,但是我内心最清楚,我只是兢兢业业工作,脚踏实地生活。"

"您二十年前是如何选择的呢?"

"我选择了做自己相对能掌控的事。因为从来没有过工作经验,加上对其他职业一无所知。在外婆家过完暑假后,我就下定决心考研,以心理学专业教师为目标,第一年没有考上,第二年终于如愿以偿,接着就一直奋进到了今天。"

"那您对当时的选择满意吗?"

"总体还可以吧,不过,偶尔也会后悔。作为专业教师,科研任务是很重的。时间几乎都被申报课题、做实验、分析数据、写文章、改文章和发文章占据了。难免有些无奈,这毕竟不是我最想做的事情。所以,有时会想,如果人生可以重来,当初真应该花时间去了解更多的职业。不过,可以弥补些许遗憾的是,给学生上课,跟学生在一起时,是我最享受和最欢愉的时光。"

"您这样每天投入工作,家人没意见吗?"

"肯定是有意见的,不过也没办法,毕竟需要这份工资才能养家糊口。"

有时成功背后的代价是很惨痛的,这也是许多中年人的不甘与无助。为了让家人活得更好,只能选择"抛妻弃子""心灰意冷"地活在工作中。为了家人在坚守着自己这份"所谓的成功"。

马斯洛认为,我们仅仅达到不愁吃穿或小康生活的水平,还不是一种充实而令人心满意足的生活。当我们丰衣足食、有安全感、爱人并被爱、受到他人尊重、善于思考以及富有创造力后,就会开始超越基本的人类需求,寻求能完全运用和开发我们身心各方面的潜在能力,我们就会开始想:除了这些,自己还想要什么?生活目标是什么?想做些什么……(对每一个人而言,这些问题的答案都不一样。)这就是自我实现,一种实现自我理想的需求。这也是故事中五层妖塔的最后一层,即自我实现需求层。马斯洛对此需求做了个简单的描述:"如果你能做到,就必须做到。"生命的价值就在于扩展我们的经验,充实我们的生命。可见,自我实现是我们每个人成长潜能的一种表达。他认为即使其他四种需求都已满足,如果我们无法将能力发挥到淋漓尽致或必须压抑真正的兴趣所在,我们仍将焦躁不安,会感到无聊、受挫与不满,认为生活缺少意义。孔子在《易经·系辞上》中也曾给出过自己对人生意义的见解:"举而措之天下之民,谓之事业。"

马斯洛也指出,大多数人在尊重需求得到满足之后就停止发展了,根本无法达到自我实现。他也曾经做过估计,每十个人中最多只有一个人真正以追求自我实现为生活的主导目标。因为追求自我实现是一种含糊的过程,需要我们能清楚地认识自己。大部分的人发现这样的认识具有威胁性,毕竟我们不能对抗社会,有时也不愿意成为社会要求的俘虏,因而产生阻抗。最后,只有我们之中最有勇气的人会超越安全来选择自我实现。

话虽如此,自我实现仍是有可能的。因为我们每个人都有追求这种状态的需要,自我实现的目的就是增进我们个人成长,驱使我们成为我们能力所能达到的样子。大多数人都在朝着这个方向努力,只不过采取的方式是现在无法设想的。所以,自我实现不单指创作上和智力上的超级明星,比如音乐家、艺术家或天文物理学家……重要的是去发挥出我们最大的自我潜能,也就是只要我们能对自己的选择拼尽全力就好。现实中还存在为了满足自我实现需求而拒绝其他低层次需求的人,例如,宗教人物就会为了信仰而放弃俗世的物质生活。

因此,自我实现者并不是完美的人。他们也像我们所有人一样有人类的虚荣和弱点,他们有时会成为暴躁脾气的牺牲品,会变得残忍无情、厌倦或固执。但是他们是强壮的人,而这种强壮的力量会使他们的行为表现得冷静、客观。自我实现的人是什么样的呢?马斯洛也总结到,自我实现者具有以下这些特征:接纳自己、他人和周围环境,重视私人生活但不觉得寂寞,能够维持亲密、深厚的人际关系,从平凡的生活中寻找新鲜感,了解现实,具有创造力和幽默感。

"如果人生可以重来一次,您还会做这样的选择吗?"

"不知道。也许当下的选择就是我最好的选择,但是我仍心有不甘。"说完,他低下了头。

看着二十年后的自己,从原本的热情洋溢到此刻的暮气沉沉,心里特别不是滋味。人生没有做过任何"加法",人到中年,何来"减法"可做?我能深深感受到他的那份后悔。

"不好意思,本来是想让你看到二十年后辉煌的我,没想到却是这样的结局。不过,你不像我,你还有选择的机会。"

"那您会给我什么建议吗?"

他沉默了一会儿,说:"首先,说这么多,我也不是让你一定选择跟我不一样的方向,我只是希望你在做选择之前,不要受限于父母、老师以及自己强加的选择,先不要考虑生存问题,给自己留出足够的时间,多去探索或尝试一下其他的可能性,不要留下遗憾;第二,不管你最终做何选择,最好要得到爸妈的支持;第三,必须认清自己的优缺点与善恶。"

"最后,我还想问一个问题。"

他用微笑示意我。

"除了自己的名字,你还希望别人叫你什么?一个特别的名字。"

"除了名字,我不喜欢别人叫我唐教授,我更希望大家叫我唐老师。一个真正与学生打成一片的唐老师。"

二十年后的世界也随着这句话慢慢地挥散而去。二十年后的我也只留下些许绕梁余音。这段与自己很特别的相遇,也让

我知道了，能助人才是自己最看重的生命价值。

整个世界一下又恢复到了之前的一片漆黑。只见黑暗中一道亮光乍然出现，一只手从亮光处伸了过来，又一把将我拉了过去，原来是悟净。他一直在镜子外默默地守候着我。

从镜子中出来后，我发现五层妖塔正在坍塌，悟净赶紧背着我，沿着塔顶跳出了葫芦。正在葫芦旁酣睡的金银角也被崩裂的葫芦吓到了，还没缓过神来，就被飞出的悟净用降妖杖打得晕了过去。这一点倒跟他的祖先很像，空有法宝，实力不济。

此时，天早已黑透，我们飞快地赶回寺庙，悟空他们一定着急坏了。

我回头看了一眼那间逐渐消散的钱庄，五层妖塔至少让我更加清晰了当下自己最为看重的价值观念：工作的稳定性和能助人的生命价值。这似乎更坚定了我进入教育行业的决心。

不过，创业资金没搞定，我们的创业计划该咋办啊？

在这一回中，唐轩臧西行的第四站面对的"心魔"，就是犹豫不决、缺乏动力。

马斯洛的需求层次理论，最早叫人类动机理论。什么叫动机（Motive）？它来源于拉丁语"movere"，原意是移动或引向行动。可见，动机是引导我们行为的原动力。心理学的研究告诉我们，需求是动机产生的基础。故而需求成为我们行动的重要源泉。就像人为什么要喝水一样，那是因为我们细胞里的水分原本是平衡的，当我们运动蒸发掉一些后，就不平衡了，它会告诉我们的大脑："你需要喝水了。"至于喝多少呢？喝到我们觉得舒服就可以了，也就是平衡了。所以，我们体内的不平衡产生了需求，为了恢复均衡，补足需求，于是有了内在促动的力量迫使我们行动。

由此，问题的关键就落在：如何让我们产生需求呢？心理学的研究表明，价值观表达的是人类的基本需求。因而，正确的打开方式应该是，强化我们自身的价值观，产生内在的生理上或心理上的某种匮乏或不平衡感，导致我们不满，需求就会产生，而满足该需求的内在动力才可能引发我们的行动。因此，价值观不等于需求，价值观是不能直接引发行动的，只有将其转化为需求，需求促动的内在动力才会激发我们的行动。

人生要的是一个"好"字，比如好学校、好专业、好工作等，但是这份"好"却包含了多重含义。马斯洛的需求层次理论就揭示了"好"（价值观）的两层含义：第一种价值观是"我要"，这是我们的基本需求，也称缺失需求，也就是说，基本需求的缺失会推动我们去满足这些需求，它反映出我们经济取向的价值观念，是追求更高层次需求的"踏脚石"，故又称工具性价值观；第二种价值

观是"我是",这是我们的发展需求,也称为成长或存在需求,它是以充分发挥个人能力为前提来探寻我们生命的价值,反映了我们成长取向的价值观念,它的存在就是目的,故也称为终极价值观。所以,知道了"我是什么",就清楚了"我要什么"。人会为自己的终极目标而行动,但目标不同行动也会有所不同。毕竟人在每一个时期,都有一种需求占主导地位,而其他需求则处于从属地位。

综上所述,当我们在做决定时,我们最应该思考的首要问题就是,我们当时的价值观需求是什么?例如,大学生找工作时就会涉及生理需求(如果我无法找到工作,我会有钱生存吗?)、安全需求(我需要租房吗?)、社交需求(我大学时的朋友关系如何维系?)、尊重需求(我的能力会得到认可吗?)以及自我实现需求(我能在工作中发挥出全部潜能吗?)。由此可见,价值需求之间是可能存在冲突的,我们似乎必须在矛盾的价值观之间挣扎。当我们觉得价值观之间有冲突时,该选择哪些价值观作为行动方针呢?

如果我们留心的话,或许会发现,自己价值观的优先顺序,每年或不同的生命阶段都会有所改变。因为生命是"活"的,所以我们探索的永远是此时此刻,是当下的核心价值观。可见匹配不能瞬间完成而需要阶段性完成。因此，一旦我们学会了如何识别自身的阶段性价值观，即透过确信（跟自己做斗争）、主张（跟社会做斗争）到践行（跟未来不确定性做斗争）的过程来澄清当下自己真实的价值观，就会很自然地综合考虑价值观和选项，从而做出有意义的、令人满意的抉择。

最后，回到你自己身上，你的需求层次是怎样的？它们分别呈现出了你的哪些价值观念？

■ 生理需求

_____

_____

■ 安全需求

_____

_____

■ 社交需求

_____

_____

■ 尊重需求

_____

_____

■ 自我实现需求

_____

_____

请再进一步思考一下：对当下的你而言，哪些需求是不重要的，哪些需求是最重要的，为什么？你目前的角色能满足你哪些需求？请举例说明。

_____
_____
_____
_____
_____
_____

第十一回　**信任危机**

什么让我们成了没有目标的人

选择目标并不容易。除了需要我们在工作或教育环境中去澄清自我外,重要他人总会将期待不断强加于我们,而我们就是没有办法不在乎。为此,生涯发展系统理论框架告诉我们,确定行动目标前,千万不要遗漏了重要他人的意见。

在明朝，没有投资天使，没有人脉，更没有抵押物的我们，无法筹集到创业资金，我们划时代的创业项目只能以失败告终。

不过，天无绝人之路。我们之前的付出也带来了热情的回报。悟空在去找货源的路上，正巧碰见了我们之前解救的山林乡亲和通天海化身为人形的鼋，他们也来到西关镇赶集，一眼就认出了悟空。在得知我们的困境之后，他们一致决定要帮助我们渡过难关。

就这样，我们用悟空他们卖艺挣到的钱在集市上租了一个摊位，开起了一家专门经营"山珍海味"的杂货铺。悟空负责进货，山林的乡亲们给我们提供大山里面的山珍，通天海的鼋们则提供海味。熬烈负责销售产品，因为他具备我的优势能力，特别是语言和人际智能，这是作为销售最重要的能力要求。悟净负责在寺庙进行仓储管理，而我负责总体协调。

我们各司其事，经过长达半年的努力，总算是筹集够了上路的费用。虽然离我的欠款还有很大差距，呜呜呜……但是有了这第一桶金，我们可以再想其他办法赚钱。

看到这，你可能会问："悟能呢？他做了什么？"

他一如既往地负责好吃懒做，这也为日后的内部矛盾埋下了伏笔。

临行前，我安排悟空将我们所挣到的一半钱分给了乡亲们和鼋们，并对他们的鼎力相助表示感谢。

我们的西行之路，也终于在暂停半年多后，再次启程。

经过这一系列的事情,让我对四位徒弟的信任和依赖倍增。我们步履蹒跚地向下一站走去。除了悟能,大家看起来都非常疲倦。

在走到第十天的时候,压抑很久的悟空终于开始爆发了。

"师父,我们西行的终点是灵山大雷音寺吗?"悟空带有很明显的情绪问道。

"不知道,应该不是吧!"我犹豫困顿地答道。其实我是真的不知道,跟观音大士的对话,确实坚定了我西行的决心,但是要走向哪里,我至今都不确定。

"那我们要走到什么时候才会结束?"悟空有些不耐烦了。

"这个……我也不知道。"悟空问得我哑口无言。

"师父,我不想再这样跟着您漫无目的地走了,"悟空把憋了很久的话说了出来,"我们这样就是在浪费彼此的时间。"

> 对于葛悟空、瞿悟能、竜敖烈和嘉悟净来说,唐轩臧是他们的领导者,要走好西行之路,唐轩臧做事必须要有效,也就是说他不仅需要考虑个人和团队所期望的成果,还要按时去执行。否则,团队成员就会失去对领导者的信任。
>
> 其实,我们每个人也有一个"走好自己人生路"的团队。我们的人格、兴趣、能力和价值观就是其"团队成员"。而每个"成员"都会有自己的成长目标,人格会以高效率的工作为目标,兴趣会以高热情的工作为目标,能

> 力会以高成就的工作为目标，而价值观则以高动力的工作为目标。因此，作为"团队领导者"的我们而言，对团队的首要贡献就是，如何发挥每个"成员"的长处，把它们的贡献集中起来，拧成一股绳，向着一个共同的目标前进。

"猴哥，你怎么能这么跟师父说话呢？"悟能跳出来替我解围。

这不跳还好，这一跳，让悟空更加火大。

"闭嘴。你个呆子，先管好你自己吧。最近大家都没日没夜地忙着，你倒好，该吃吃，该睡睡。什么都没耽误啊！我看这半年，你这膘怕是又长了二十斤吧。"

"师父他老人家都没意见，你在这激动个什么劲？"悟能说完，赶紧躲到我的身后。

我心想着："悟能，我是有多老啊？呜呜呜……"

"大师兄，您消消气，我们当年不是说好的吗，一定要保护好师父。"悟净也出来调解道。

"反正，我不管你们，我的人生理想就是要成为第二个斗战胜佛。所以，如果我们西行不是去灵山大雷音寺，我就在此告辞了。"

悟空具有我的急性子，做事强调有价值、有意义。看来这半年的等待对他的冲击不小。

"悟空，那你打算去哪儿？"

"师父,我要回花果山去。"

"花果山?"都到明朝了,这花果山还在啊。

"是的,回去跟家人团聚。"

"你不是跟我一块儿降生的吗?"

"我之前也以为是这样的,直到最近我才知道了真相。"

"什么真相?"我疑惑地问道。

"一个月前,我去山林进货,我母后来找我,说了我降生到您体内之前的事,我才恢复了记忆。二百年前,我出生在花果山,原本是猴族的太子,因为对祖先孙悟空的崇拜,所以刻苦修炼他的所有本领。在我成年那天,偷偷离开花果山,模仿大圣祖先也大闹了一次天宫,结果被捕。最终,惹怒了天庭,不日遭诛。后因观音大士出面才免于死罪,被贬投于您身,待来日助您西行。天庭现在的实力远胜于当年。不过,这都不是重点。"

"什么是重点?"我应答道。

"重点是,我觉得跟着您没什么前途。这多亏我父王和母后点醒了我。我从小就崇拜斗战胜佛孙悟空,也立志要成为他那样,毕竟这是我们猴族目前所获得的最高荣誉。我是猴族中最有希望获得这个荣誉的,又是家中独苗,族中大小也对我寄予了很高的厚望,特别是我的父王与母后。族中大小得知我被贬下凡,有机会加入西游团队,全族上下沉浸在欢庆之中,都希望我早日归来,再次成为猴族的荣耀。但是我们这一路走来,逐渐让我陷入绝望。这是我认真思考了一个多月而做出的艰难决定。"悟空内心挣扎着讲述道。

> 心理学的研究发现，我们的心理状况与父母的个性和幼儿时期的成长经验有颇深的关系。在家庭教育中，模仿是孩子的天性和本能，是最原始的学习。我们会耳濡目染地习得父母的思维方式和行为习惯。"忠臣出孝子之门"(《晋书·列传·第六十六章》)，可见家庭教育的重要性。

此时真的很尴尬，关键是他说得句句在理。我真的很后悔，早知道之前应该向观音大士要个紧箍来约束一下他。

"这是你的决定，还是你父王和母后的意思？"我追问道。

他犹豫了片刻，说："师父，现在都到这个时候了，这个答案还这么重要吗？未来您多保重吧！"

还没等我反应过来，这泼猴就腾云而去。

事已至此，我也十分懊悔，从未真正为徒弟们着想过，只在乎自己的想法。其实他们也会有自己的主张或背负的使命。

> 在前几回的讲解中，我们也有提到，人格、兴趣、能力和价值观等自我概念的形成和发展都受到了家庭、教养方式、学校及同伴等系统因素的制约。特别是许多父母存有对孩子"过度控制"的爱。比如，我们明明都知道，成功是很难去复制的，只有经验可以借鉴。但是他们仍不遗

> 余力地拿别人的"成功"来约束自己的孩子，因为他们想急切地抓住些什么。但是这份"成功"也许是你的人生梦想，凭什么去绑架孩子的人生呢？成功的家庭教育在于父母如何给予孩子在个人意志上适度的自由，且能积极关怀与沟通。

悟空我已无力挽回。为了完成之后的行程，我选择在路旁的空地上歇脚片刻，先跟悟能、悟净和敖烈促膝长谈一番。

"悟空的离开，让为师非常自责。我之前也从未考虑过你们的想法，因为我总是狭隘地认为，你们就是我。所以，带着你们漫无目的地一路向西。今天我特别想听一听你们的想法。当然，如果你们坚持要走，我也不会拦着你们。"我先做了自我表露。

"师父，只要有吃有喝，我是绝对不会离开您的。我对您的忠心日月可鉴，而且您对我这么好，像这次开杂货铺，我也没能帮上忙，其实挺自责的。主要是师兄弟们都很能干，我根本插不上手。所以，猴哥对我有意见，也是正常的。"悟能最先表决心，但吃货本色依旧。

"你不是应该回高老庄吗？"我故意调侃他。我想，花果山都还在，高老庄应该也在吧！

"师父，回啥高老庄啊？我不知道是哪儿，我就想与您同在。"

"如果我们继续西行下去，不能让你像猪悟能那样被封为净坛使者，你也愿意吗？"

"师父，反正我哪儿也不去，我不在乎这些。而且猴哥都走了，如果我也走了，谁来保护您的安全！"

悟能这番有情有义的告白，让我倍感欣慰。

"你们二位呢？"我又把目光转向悟净和敖烈。

"师父，我们也不走。"悟净和敖烈都非常肯定地说。

"敖烈，你不是也背负了龙族的未来吗？"我继续说道。

我话音刚落，一阵狂风夹杂着黄沙向我迎面袭来，悟能他们还没来得及出手，我已被卷起带走，悟能他们呼唤我的声音也愈变愈小。因为风力过大，伴随着些许胃胀恶心，我也很快眩晕了过去。

"好凉啊！"我大叫道，睁眼才发现，一盆透心凉的山泉水泼向了我。

"你昨晚吃了什么呀？"只见一个青脸獠牙、狼面人身的妖怪问道，"吐了我一身。"他闻了闻自己，夸张地做了一下反胃的表情。

"在杳无人烟的山路上走着，能吃啥好的啊！"我悉数回忆道，"头盘开胃菜吃了花生米拌菠菜，接着喝了西红柿鸡蛋汤，副菜吃了烤杏鲍菇，主菜吃了菜夹馍，餐后吃了各种野果，也就这么多了。"西行非常耗费体力，营养搭配均衡是最重要的。

"这还叫少啊？"他继续抱怨道，"你到底多重啊？"

"180多斤吧。"我有些不好意思。其实自己一直不敢上秤称。

"难怪啊,我黄袍怪一族上千年也抓过不少人了。您这吨位的可是少有啊,你都不知道,为了把你带回来,可把我这老腰给压坏了。"

"我也没请您背我回来啊?"我有些不耐烦了。

"半年前,你们到了西关镇,就有探子禀报我了。您唐长老途经我狼牙山,怎能不请您进洞坐坐呢?"

"洞?"

这么一说,我全身上下突然感到有种寒风刺骨般的冷。再看看周围,都是各种尖牙造型的钟乳石,我就被五花大绑在其中最细长的一根上面,抬头望去,洞的空间还蛮大的,不时还会有水滴下来。

"是啊,欢迎唐长老莅临波月洞。"

黄袍怪一族?波月洞?我记得《西游记》对此也有过介绍,黄袍怪居住在碗子山波月洞。原来是天界的奎木狼,法力无边、武艺高强,后因与披香殿侍香的玉女相爱,恐玷污了天宫圣境,于是双双下界。一个偷偷下凡占山为妖,成了山大王。一个托生为凡人,成了宝象国公主百花羞。不过,凡人的百花羞早已忘记前尘往事,为了再续前缘,黄袍怪只能动用武力把百花羞掳走,才有了13年的夫妻缘分……多么坚贞的爱情啊!

"你跟800多年前碗子山波月洞的黄袍怪是什么关系?"

"他是我们狼族的英雄,我的偶像。我的目标就是像他那样修炼,得道成仙。"

"那你抓我,是为了吃我吗?"

"偶像当年也没吃那唐僧,我怎么会吃你呢?"

"你不想长生不老?"

"我得道成仙之后,自然长生不老。就像我偶像那样。"

"你没有看上哪个公主,想再续前缘吗?"

"没有啊!"

"那你想干吗?"

"不知道,我偶像当年抓了那唐僧,如今看你们途经此地,所以,我也想模仿他那样。"

我越听越纳闷,西行这一路,终于遇到了一个不想吃我的妖怪,但是他自己也不清楚为什么要抓我,竟然只是为了模仿别人的人生。

看来,妖也会有迷茫。

> 我很喜欢一句话,没有目标的人总在为那些有目标的人实现目标。因为我们没有目标,所以我们只能帮助父母、朋友、师长等实现他们的目标。这也是让我们的迷茫变得更加理所当然的源头。

跟这黄袍怪相比,我何尝不是呢?虽有四位徒弟相伴,但是连自己都无法坚定脚下之路,他们再有本领,也很难相助于我。

不知道悟能他们是不是因为找不到我,也散去了。我也逐渐失去了继续前行的信心,情绪低落到了谷底。

就在此时,这位黄袍怪还模仿他偶像那样,把我变成了一只猛虎,关在了铁笼里。

我向天嚎了两声,无奈中透露着一丝悲哀。

算了,就此作罢吧!

我也渐渐闭眼睡去……

这一觉我不知睡了多久,西行这半年多以来,从未这么踏实地睡过觉。

"唐唐,起床了……"睡梦中,怎么听到了外婆的声音,"快起来吃午饭了,我今天做了你最爱吃的红烧肉。"

我慵懒地睁开眼睛,感觉已经很久没有开过荤了。不过,我这睡觉的姿势还蛮特别的,撅着屁股,双手趴在床上,完全呈现出一种老虎的睡姿。

原来这只是一场梦啊!我坐在床上,沉思回味了许久。这场梦也未免太过真实了吧!紧接着我又摸了摸自己的身体,仿佛还能感觉到悟空、悟能、敖烈和悟净就在我体内。

接下来,在外婆家没待几日,我就急着赶回学校去了。因为还有很多信息需要我去确认。现在的自己,还真有一种老虎被关在铁笼里的感受,四面受困,再有力量也难以发挥。

> 人的行为是目标导向的。目标,其实就像感官的过滤器。当我们有了目标后,心中的能量、智慧及身边的资源就会源源不绝地涌现。但前提是我们能为自己制定目标而非假手于人,否则就成了"过自己的人生,走着别人的路"。

第十一回 信任危机

在这一回,不管是悟空的离开,还是黄袍怪的迷茫,都成了照见我自己现状的一面镜子。孔子云:"名不正则言不顺,言不顺则事不成。"(《论语·子路》)面对自我错乱、家庭期许以及教育或职业信息缺失等多重影响,我根本无法找到一条自己渴望的路。澳大利亚昆士兰大学教育学院高级讲师、生涯发展系统理论框架的提出者玛丽·麦克曼(Mary McMahon)强调,我们存在于不断变化的个人、社会和环境等三大系统的影响中。特别是社会系统中的家庭影响,在其中扮演了关键性的角色。因此,得到重要他人的积极支持是我们职业或专业选择的重要保障。

第十二回　轩臧抉择

在职业或教育环境中定位职业或专业目标

我们与世界往往存在着一种微妙的平衡关系。所以,发现可供选择的职业或专业机会,评估自己是否乐意学习该专业或从事该项工作,以及是否能够达到该工作或专业对我们的要求,才能让之前的自我发现真正落地。

回来后,由于"唐僧"这个角色的代入程度太深而导致我的状态久久无法平复。

不过,要做好即将到来的选择,我很清楚,目前最急切的事情是整合葛悟空(人格)、瞿悟能(兴趣)、竜敖烈(能力)和嘉悟净(价值观)的指向和期待。这样才利于发现什么样的机会是当下最适合我的。

2004年9月,带着五味杂陈之感,我正式步入了毕业大军的行列。

毕业大军可分为多个门派,其中最大的三家是:保研派、求职派和考研派。这三大门派也有着不一样的生活方式。

保研派:进入大四以后,最辛苦的日子集中在9月至10月,这是各大高校推免系统开启的日子,通常是1~3天的笔试、面试以及实际操作技能等方式的考核。当他们拿到推免资格后,就可以高枕无忧地生活了。所以,有人形容这种生活方式是过上了"猪"一样的生活。

求职派:伴随着每年高校毕业生人数的剧增,"最难就业年""毕业即失业"等成为高校求职派就业难的设限。所以,进入秋招之后,为了获得他们认为的稳定、地位或高收入的工作机会,四处奔走或准备公考。所以,有人形容他们几乎过着"狗"一样的生活。

考研派:几乎从大三开始,他们就一头扎进了自习室和各种考研辅导班,直至大四第一学期结束。胜了,与猪同伍;败了,与狗同命。所以,他们被形容过着"猪狗不如"的生活。

而我呢？

大一下学期时，"高等数学"挂科，所以，我暂时无法过上"猪"的生活。所以，从大三开始，我就在"狗"和"猪狗不如"之间不断徘徊着。由于之前有助人社团和学生会的工作为借口，一直停留在想的层面。进入大四后，选择的问题已经无法再逃避了。

选择考研道路之后的生活，我在被困五层妖塔时，已经与二十年后的自己对话过了。所以，我现在计划给自己一个半月的时间去探寻一下选择求职这条路的可能性。

如果选择求职，我的工作机会在哪儿呢？

> 定位职业或专业目标并非一蹴而就，它需要我们持续地付出时间和努力。美国马里兰大学教育学院的伦特教授认为，我们要探索自己的职业选择，首要任务就是尽可能找到最多的选项，特别是要找回那些被我们舍弃的选项。因为我们总会抱着不符合事实的偏差观念，比如认为自己做不到（即自我效能感低）或预估到做完也无法带来有价值的结果（即结果预期低）等。
>
> 因此，为了能做出自己当下最满意的选择，第一步，我们就要找出所有可能的选项。这一步可以先从以下几个方面去看：一是找跟我们专业有关的职业，既可以查阅纸质和网上的材料，也可以从同学、朋友以及师兄师姐的就业方向中找可借鉴的选项，特别是师兄师姐，他们走过的

> 路很可能就是你未来要走的路；二是找跟我们人格、兴趣、能力及价值观有关的职业；三是找跟我们理想期待有关的职业；四是找我们家族的可用资源；五是找我们感兴趣的机构官网官微，直接从他们的招聘信息中找感兴趣的职位；六是我们实习和实践过的职业。

我试着开始描绘自己的就业地图……

首先，我全面梳理了专业对口的相关职业信息。我不仅以"心理学"为关键词在各大招聘网站（前程无忧、智联招聘等）和学校就业网上进行了搜索，还通过辅导员了解到近三年来毕业师兄师姐的就业方向。紧接着，我把搜集到的相关职位按照机构归属进行了分类，见表12-1。看完这张表，感觉真是印证了那句话，有人的地方就有心理学。

> 我们可能对"将来想做什么"毫无概念，甚至一无所知。此时，不妨试着将我们现在的专业或感兴趣的专业领域视为获取经验和接触新机会的工具。

第二，我认真回顾了此前跟葛悟空（人格）、瞿悟能（兴趣）、竜敖烈（能力）及嘉悟净（价值观）的西行历程，并查阅了与之相关的研究结论，找到了与这些自我概念相近而内容互有关联的特定职业群。

表12-1 心理学专业对口的机构和职位

高校	中小学	课辅机构	企业	政府机关/司法机关/军队	医院	出版社
心理学专业教师	心理教师	心理辅导教师	心理咨询师	心理咨询师	心理咨询师	心理学科编辑
心理研究所研究员	思政课教师	心理评估师	生涯规划师	心理测评师	心理治疗师	心理学作家
心理学实验师		课程研发人员	心理学培训师	警察（侦查）		
心理健康教育教师		感觉统合训练师	生涯培训讲师	警察（治安管理）		
生涯规划师		情商训练师	心理测评师	警察（边检）		
辅导员		智力开发培训师	人才测评师	罪犯心理矫正警员		
		课程顾问	产品经理	戒毒所心理矫正职位		
			用户体验师	救助管理站科员		
			用户研究员	海关关务员		
			用户运营专员			
			员工心理援助项目（EAP）专员			
			销售顾问			
			HR			
			营销策划师			
			阅卷师			

我的四叶花（性格代码）是 ENFP，查阅"MBTI 16 种性格类型的偏好职业"（《遇见生涯大师》），与之相关联的职业群是：演员、宗教人士、心理咨询师、新闻工作者、音乐家以及公关人员等，即能够利用创造与交流去帮助和促进他人成长的职业。

我的六岛（兴趣代码，又称霍兰德代码）排序是 SAEICR，选取前三码与之相关联的职业群是：教师、心理咨询师、社会工作人员、护士、宗教人士、音乐家、作家、戏剧演员、画家、设计师、舞蹈家、摄影师、经理人、主管、制片人、销售、律师、创业者和政府管理人员等。

> "霍兰德代码"是取三个排列分数最高的码，因为它所呈现出来的是我们三个强势类型，也就表示这三个类型较常被我们使用。相对的，其他三个类型并不是不重要，而是较少被我们使用。基于这样的认识，我们对测评结果的解释就不会受到类型对立位置的影响，并会在生活中注意区分使用这些类型。当然，我们还可以用前三码直接到美国劳工部所主导开发的"职业信息系统"（Occupational Information System, "O*Net"）进行搜索 (http://www.onetonline.org/find/descriptor/browse/Interests/)，但结果仅作参考。

我的多元智能（优势能力）组合是语言、音乐、人际和内省，与之相关联的职业群是：作家、诗人、记者、演说家、

编辑、律师、教师、节目主持人、新闻播音员、歌唱家、指挥家、作曲家、乐队成员、音乐评论家、调琴师、政治家、外交官、临床医生、心理咨询师、社会工作者、演员、公关人员、销售顾问、企业家、领导者、管理者、HR、行政人员、哲学家、政治学家、心理学家、小说家、神学家和宗教人士等。

我的"五层妖塔"（价值需求）所呈现出来的工作价值观念分别是经济上的报酬、工作的稳定性、温厚的工作氛围、被认可和成就感以及能助人。而当下我最看重的是工作的稳定性和能助人的价值，这也刚好吻合我对理想职业——教师——的期待。

> 面对职业选择，评估自我概念之立论基础就在于，人格、兴趣、能力和价值观等相似的人倾向于从事相似的工作。故而我们可以通过它们来找到可能适合的职业方向。不过，由于这些自我概念并不是静止不变的，而是动态发展的。所以，这种探寻只能追求此时此刻，解决特定时间点的指向。

第三，我绘制了从自己往上推三代的"家族职业树"，如图12-1所示，男性用方框代表，女性用圆圈代表。我们对职业最早的概念就是来自原生家庭。所以，家族成员的职业也是我们职业选择的重要参考。

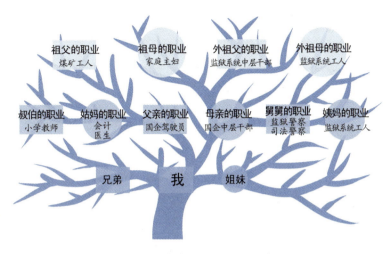

图 12-1 唐轩臧的"家族职业树"

通过对家族成员职业及他们自我特点的分析,我发现,在人格、兴趣及能力方面,我跟我母亲比较像。在工作方面,家人们最看重的都是工作的稳定感。家人对我的期待似乎也是这样。这也成为影响我当下职业选择的主要因素。

第四,我也上网搜索了各个重点中学和大学的招聘网页,特别对他们招聘心理教师的信息进行了搜集。我发现,随着危机事件的频发,各级各类学校对心理教师的需求也在增加。

最后,我整理了在大学期间所有的实习和实践经历。

一是,从大一加入助人社团开始,我有过连续三年到普通高中和职业高中讲授心理健康教育课程的经历。在此期间,我也深度访谈了学校主管心理工作的德育主任和专职心理教师,这些经历让我对中学心理教师的工作内容和要求有所了解。

二是,大二暑假时,经高中同学介绍,做了一个月的电话卡销售实习,增进了对销售工作的认识。在所有实习生当中,业绩名列前茅,最终被评为"月度金牌销售"。

三是,从大三开始,作为助人社团的负责人,多次策划并承办校级心理健康知识普及活动,在此期间,跟学校心理健康教育与服务中心专任老师也进行了多次交谈。

四是,在大学期间,因为学生工作成绩比较突出,所以大四的专业实习,可以留在本学院做新生辅导员,为期一个月。这也是我切身体会辅导员工作的最佳时机。

第二步,当我们找出所有可能的职业选项后,就需要根据以下两个标准将它们进行删除和排序。

删除的标准:根据我们已经具备的相关工作能力或在之后可以通过学习训练而习得的相关技能。

排序的标准:按照我们对这些选项的感兴趣程度。因为兴趣直接影响一个人的职业目标。

在此,你也许会好奇,我们为什么不加入价值观来排序?实际上,1984年,美国明尼苏达大学荣誉教授勒内·戴维斯(René Dawis)就指出过,兴趣是从价值观和能力所衍生出来的,它们是价值观与能力两者关系的外在表现。比如,某人若有兴趣想要成为一名工程师,是因为这个人也拥有这类的能力和价值观。所以,从某种程度上说,我们用兴趣来排序,也一定会考虑价值观和能力的。

由此可见,了解外部世界可以帮助我们产生选项,了

> 解自己则可为评估选项建立个人标准，这些标准会形成一把标尺，来帮助我们丈量出当下最适合的选项。

综上所述，面对庞大的就业地图，要找出可能从事的工作，就需要用我们认同的自我概念来做取舍。毕竟时间和精力是有限的，因此，我们只会把精力投注在一份能发挥自己优势能力和让自己感到有热情的工作上面。

> 中国台湾著名心理与教育专家郑石岩就总结道："教育的主要目的就是提供各类尝试的机会，发现个人的天赋和特质，予以诱导和启发，使其能力得以开展。进而喜欢自己，建立自信，从事与自己能力有关的工作。"

接下来，我就以此为标准，将找到的所有职业选项先用优势能力把根本无法胜任的和短时间无法通过学习和练习而胜任的选项删除，再将剩下的选项用"我感兴趣"的程度高低进行排序后，得到了八个最有可能的选项，它们依序是：高校心理健康教育教师、高校辅导员、中学心理教师、高校心理学专业教师、心理咨询师、心理学培训师、企业营销策划师以及企业销售顾问。

> 第三步，排序和取舍完所有的职业选项之后，再选取排序靠前的3至4项进一步获取职业性质方面的相关信

息，这包括该职业的主要工作内容和典型工作环境、从事这份工作所需的入职条件、该职业的前景与职业发展预测以及期望薪资的范围等。

为此，使用哪些方法获取这些信息比较有效呢？答案是，能接近雇主的渠道都是有效的。一是雇主会利用互联网等渠道发布招聘信息，所以，你可以登录企业官网、官微或各大招聘类网站去查询概况。二是亲自去一趟企业，与已经在这个领域工作三年以上的人交谈，这些人最好是相关行业的典型人物或校友。除了书面材料，还有了视觉和听觉信息，这会特别有益。三是比短暂访问能获得更大信息量的是工作见习，用一到两天的时间观察一个工作中的人（这需要提前预订时间，而且绝对要保证不打扰这个人的工作）或亲自去做这些工作。孔子也提出过类似的方法："多闻阙疑，慎言其余，则寡尤。多见阙殆，慎行其余，则寡悔。言寡尤，行寡悔，禄在其中矣。"（《论语·为政》）不过，那时重视的是如何谋得官职。

紧接着的一个半月，我通过查阅招聘材料、一对一人物访谈以及实习体验等方式，对高校心理健康教育教师、高校辅导员、中学心理教师和高校心理学专业教师这四个职业，进行了详尽的信息收集。特别是为期一个月的辅导员实习，让我对辅导员工作有了最直观的感受。

这一系列的动作，最终也让我确认，应聘高校心理健康教育教师和辅导员是我目前最感兴趣并能胜任的最佳选择。不过，成为高校心理学专业教师也是我所期待的选择。

当然了，因为这三份工作都可以成为有编制的人，而且高校教师有身份、地位，收入稳定。在电话中与父母深谈后，得到了他们的支持，这至少也符合他们"50后"那代人的价值观。

> 在职业或专业选择中，我们的想法只有得到了家人的支持，才能不被拖曳，否则，家庭这个系统有可能会成为我们未来职业发展的阻力。所以，在我们进行了充分的自我了解和职业调查之后，一定要带着探索的结果去寻求重要他人的看法和建议，再开启有效行动。

虽然坚定了自己的方向，但是没有了悟空、悟能等人的陪伴，总感觉少了些什么，时常还会有些失落感……

朦胧中，突然耳边响起了一阵阵非常激烈的打斗声。我努力地睁开双眼，发现自己还是那只关在笼中的老虎。不一会儿的工夫，悟空、悟能、敖烈和悟净他们就打了进来，因为不能说话，我只能在铁笼中嚎叫和左右徘徊，悟空一棍就成功解决了黄袍怪，随即我也恢复了人形。

不过，悟空怎么回来了？他不是回花果山了吗？这是怎么回事？

对于每个人而言，我们最大的幸福之一就是能给自己交上一份满意的人生答卷。但是这份满意不仅受到我们自己的喜好和价值影响，更受到我们的系统和外在环境的期许和要求影响。所以，我们每个人的生涯发展，除了要重视对自我的了解，还必须依赖最新、最前沿、最权威的职业或教育信息，即在"我"自身了解的基础之上，去寻找一些跟"我"相关的方向。而不是盲目地投入到一个职业或教育世界当中，因为盲目探索太费劲了，我们根本无法聚集。只有这样，我们才能真正做到，以内在的调整去适应外在的变化。这就叫"胜人者有力，自胜者强"(《道德经·第三十三章》)。

我在上一回中也提到，我们就是自身所有自我概念的团队领导者。一旦我们无法将人格、兴趣、能力和价值观等展现在工作当中，工作很可能变得无聊无趣，甚至毫无意义。因此，如若我们能尽自己的最大努力找到自我概念之间的交集点或冲突不太大的点，同时职业或教育世界刚好提供了这样的机会，且重要他人也支持的话，那我们当下最应该给自己设定的行动目标就找到了。

不过，需要提醒你的是，如果你现在面临的不是职业选择，而是专业选择，你就需要综合考虑学校、学校所在城市、专业学习及专业就业方向和形势等信息，专业信息的搜集和分析方法可以借鉴上述职业信息的内容。

最后,回到你自己身上,你不妨按照文中讲述的三个步骤来展开对自己可能适合职业或专业的了解吧!

第一步,找出所有可能的选项。

与专业相关的选项:_____
_____

与自我概念关联的选项:_____
_____

与理想期待关联的选项:_____
_____

家族成员的职业或专业:_____
_____

在感兴趣的机构或学校中找到的选项:_____
_____

实习和实践过的选择:_____
_____

第二步,对可能选项进行删除和排序。

删除的选项:_____
_____
_____

剩余选项的排序:_____
_____
_____

第三步,选取排序靠前的3至4个选项,通过阅读、调查与实践等方法,进一步获取职业或专业性质方面的相关信息。

选项一:_____
_____
_____
_____

选项二:_____
_____
_____
_____

选项三:_____
_____
_____
_____

选项四:_____
_____
_____
_____

通过以上的探索,目前你最感兴趣且能胜任的最佳选项是:_____
_____
_____

第十三回　师徒重聚

我们是活在系统中的人

系统是伤，也是药。如何让系统成为我们人生发展中的推力？五人平均值理论告诉我们，我们是与我们相处时间最多的五个人之平均值。所以，我们要时常审视自己的人际关系。

回头看了看已渐渐远去的狼牙山，回味着那个不愿醒来的美梦。不过，这场梦境却让我更坚定了自己的目标。我想这也是悟空回归的原因吧！毕竟他与我同在，所以，我的不坚定也一定会影响他的判断。

到后来，我的想法也得到了确认。悟能忍不住告诉了我，他们最近发生的事情。

原来我被黄袍怪抓走后，悟能他们在山中寻找了好几日，才找到了波月洞。悟能、敖烈和悟净联手也没敌过黄袍怪，他们也险些被抓。之后敖烈和悟净守在洞口的不远处，担心我被转移。悟能就只身前往花果山求援。最开始悟空是拒绝的，但是随着我内心的坚定，悟空才动摇了。其实回到花果山后，他也变得郁郁寡欢，毕竟这也不是他想要的。他一直背负着猴族的使命，他的父王和母后也会一直给他压力，希望有朝一日他能出人头地，为猴族再增添光辉。但是如果不出去闯一闯、试一试，只活在自己的舒适区，成天被保护着，这些目标是不可能实现的。所以，当我确定行动目标之后，悟空也变得更有力量了。

德国作家、诗人、1946年诺贝尔文学奖得主赫尔曼·黑塞（Hermann Hesse）曾说过："生命究竟有没有意义并非我的责任，但是怎样安排此生却是我的责任。"当我们变得更有力量去应对这个世界的时候，重要他人也会逐渐放下心中的不安，选择相信我们能为自己做抉择。不过，

> 这种力量能被看见,一定是我们真实"做"出来的,而不是空口"说"出来的。

就这样,我们师徒五人再次相聚,继续踏上了西行之路。

在一马平川的大平原上走了二十几天,加上天气炎热,一路上也没找到补水的地方,带的干粮也已经耗尽。

"师父,往前十里地有条河。"悟空前去探查回来说道。

"大家赶紧跑起来,可把我老猪渴坏了。"萎靡许久的悟能突然来劲了。

只见他迈着那小短腿,一眨眼的工夫就消失在前方的视野中……

不一会儿,我们也来到了一条清澈见底的河边。悟能早已在河中洇水,如浮球般在河面上翻滚,溅起了层层水花,场面一度失控,真让人"叹为观止",众人连声叫好。悟空也放下了大师兄的架子,不断将河水泼向悟能。这也是大家久违的轻松,每个人脸上都展露出愉快的笑容。我也感慨道,不知从什么时候开始,自己已经跟他们四位密不可分了。

不过在欢乐之余,我心中却浮现出了几个大字:这水还能喝吗?

"师父,这是我从河上游打过来的水,您放心喝吧!"心细的悟净似乎看出了我的嫌弃。

任劳任怨、默默奉献的悟净,总是让人很暖心、感动。

玩好了,水也喝痛快了,只见一个老婆婆划着摆渡船飘了过来。

"徒儿们,我们赶紧过河吧。"我大声呼喊道。

向老婆婆道了谢。下船后,走了没多久,我们就来到了一个村庄。当第一个村民看见我们之后,整个村庄就犹如开水一般,人声鼎沸,大家奔走相告。霎时间,全村老少把我们团团围住,水泄不通。徒弟们立马上前把我围住,保护了起来。从她们的眼神中可以看出,此刻的我们就像动物园的大熊猫般珍贵和稀有,大家上下打量着我们,甚至还有人试图伸手触摸我们。再仔细一看,村里居然全都是女人,没有一个男人,而且还有不少孕妇。

我头脑中出现了很多问号。就在这时,悟能抱着肚子,突然瘫倒在地,疼痛难忍。紧接着,我们其余人的肚子也疼了起来,逐个倒在了地上。热心的村民们见状,赶紧拿了些热水给我们喝。

村里面一个年长的老婆婆很有经验地问我们:"你们是不是喝了前面的河水?"

我点了点头。

"恭喜你们,你们有喜了。"她很淡定地说道。

她话音刚落,村民们都大笑了起来。

"你是说,我们怀孕了?"我有些不敢相信。

"是的。我们这儿是女儿村,没有男人。当我们长到二十岁时,就会去喝前面那条子母河的水,三天后就可以生下一个女孩了。所以,我才恭喜你们,你们五位就要当'妈妈'了。"她向我们介绍道。

子母河?我们竟然走到了女儿国,原来到了明朝,她们一

族还在。不过她们已经从一时繁盛的国家，没落成了如今荒凉的村落。《西游记》里面介绍过，只要喝了子母河的水，无论男女都会怀孕，而且一定生女孩。现在真是欲哭无泪了。你们说我是生呢，还是不生呢？毕竟是一条生命啊。

我们师徒相视而哭，可能是胎儿的快速成长，让我们更加腹痛难忍，苦不堪言。

我记得《西游记》里有一眼落胎泉，只要服下泉水，就没事了。我急忙向老婆婆打听。

果然有这口泉，就在她们村主任家里面。

在村民们的搀扶下，我们徐徐移动到了村东头的村主任家门口。房屋结构是典型的徽派建筑风格，黛瓦、粉墙壁和马头墙尽收眼底。

村民们似乎都很害怕这位村主任，把我们送到之后就慌忙离开了，好像生怕被村主任看见似的。

我们五个"孕妇"只能强忍着疼痛，一只手相互支撑着站立，另一只手托着渐渐凸起的肚子。接着，敖烈很费力地敲响了门，因为他是最晚喝河水的，孕期还比较早。村民们的反应也让我们很警觉。

没过多久，脚步声慢慢逼近，门吱呀一声打开了，本以为村主任应该是一位老态龙钟的妇女，没想到眼前竟然是位妙龄少女，拥有沉鱼落雁般的美貌，看样子应该与我同龄。

"姑娘，请问您是这女儿村的村主任吗？"虽然身体负重，我还是很恭敬地询问道。

"我正是,请问您有何事?"

"我叫唐轩臧,我跟我徒弟们途经此地,不料误喝了子母河的河水,就变成您看到的这个模样了。"我有些尴尬地说道,"所以,想向您讨一碗落胎泉的泉水。作为男子,如果真的破天荒地生下女儿,该如何苟活于世啊!"

"你们先进来,再说吧!"村主任邀请道。

走进屋内,到处都是各种砖雕、木雕和石雕的装饰,古朴典雅,低调中透着一股华丽。步行到大厅的路上,院中的一口深井深深地吸引着我,我心想,那应该就是落胎泉了。

"几位贵客,喝点茶水吧。"村主任边说边给我们倒了一杯茶。

"是落胎泉的泉水泡的吗?"悟能再也忍受不住了,急切地问道。他是我们当中河水喝得最多的,看他那隆起的肚子,可能是要生多胞胎吧!

"不是,就是一般的泉水。"

"那就不喝了,肚子已经没空间了。"村主任的回答让悟能极度失望。

不过,也不阻碍我们用渴望的眼神望着她。

"我们是西梁女国的后裔,俱是女子,而无男儿。当年,我的先祖西梁女王,自从遇见了一位从东土大唐而来的唐长老后,就茶饭不思,心心念念要下嫁于他。但他却为了自己的理想'抛弃'了她,最终我先祖郁郁而终。所以,我希望替先祖完成夙愿。如果唐长老愿意娶我的话,落胎泉水任你们享用。"

当年西天取经的唐僧可谓丰姿英伟、面貌清奇,而我呢,却是富态横生、其貌不扬。她看上我哪儿了？她又是怎么知道我们要去西行的呢？

一个个问号，在我脑中闪现。

"师父，您就娶了她吧！我们代替您完成后面的西行任务。"悟空痛苦不堪地迎合着村主任。

"是啊，师父。有我们在呢，您就答应她吧！"悟能听到可以喝泉水了，不顾一切地支持道。

连平日话不多的悟净和敖烈也频频点头表示赞同。

现在真有种骑虎难下之感啊！悟空他们竟然为了自己而把我这个师父往"火坑"里推！我内心的真实想法是："对于现在的我来说，只要有悟空他们这几个伙伴就足够了，毕竟爱情的投入会花费太多的时间和精力。"

不对，你肯定会说，我这是得了便宜还卖乖。

在情感方面，我总是比别人慢半拍，而且很理性。上大学以前，因为学业压力山大，所以从未有过真正意义上的感情生活。后来上了大学，精力几乎全部投注在学生工作上面，也未曾有过什么情感瓜葛。这部分我一向都很被动。上大三后，可能是我在学生工作方面的突出表现（画外音：请相信，不太可能是因为外形），我也遇到过两次表白，但最终都被我拒绝了。在我的情感观中，我不太愿意去接受那种自己没有感觉的爱情。

当我还处在困顿之际，一个声音在我耳边响起。

"师父，我是悟空，您先假意答应她，我们先自救。您想，如果我们把孩子真的生下来了，我们也不用去西行了。只能在此扎根，安居乐业了。那时可就真如了这村主任的意了。所以，我们只有用假亲脱网的计策。"悟空元神出窍后幻化成了一只蚊子飞近我耳边细致地解释了一番。

听完，我才恍然大悟，看来是我误会悟空了。

我们师徒赶紧喝下那落胎泉水，肚子响了一阵，收缩了回去，腹痛没了。不过，我下意识地用手又摸了摸自己的肚子，还是有些许难过，毕竟是怀了快一天的孩子，说没就没了。

我们被安排在村主任家的客房休息。我也在惴惴不安中睡去。

我们的潜逃计划也即将展开。

上回说到，我们每个人都期待能有一个满意的人生。不过，人生的满意却是多维的，不仅仅是能谋求到实现人生价值的职业，对爱情及亲密友谊的渴求等人际关系的建立其实也同等重要。因为它们二者是相互制约、相互影响、相互联系的。

美国最杰出的商业哲学家吉米·罗恩（Jim Rohn）认为，一个人的人际关系会影响他的成功，于是提出了"五人平均值理论"，即我们现阶段相处时间最多的那五个人的平均值，其实就是我们自己。比如收入、性格、价值观等。你不妨算算看！而这五个人可能是我们的伴侣、朋友、同学、同事、学长或精神导师，他们的思想、价值观会对我们的性格和观念产生重大影响，开拓我们的眼界，激励我们追逐理想中的自己。正所谓"近朱者赤，近墨者黑"（傅玄《太子少傅箴》）、"潜移暗化，自然似之"（颜之推《颜氏家训·慕贤》）、"目濡耳染，不学以能"（韩愈《清河郡公房公墓碣铭》）。他们是我们生涯发展中最重要的社会资本。因此，我们必须时常审视自己的人际关系，寻找或迭代人生的五个队友。

最后，回到你自己身上，请问谁是你目前花最多时间相处的五个人？你从他们身上都学到了哪些优点？

第一位：_____

你学到的优点：_____

_____

第二位：_____

你学到的优点：_____

_____

第三位：_____

你学到的优点：_____

_____

第四位：_____

你学到的优点：_____

_____

第五位：_____

你学到的优点：_____

_____

第十四回　女国情愫

我们的爱情是什么

爱情是人类感情中最美妙、最值得的一种体验,它在我们的生命中占有重要的位置。但爱与不爱却无法用公式计算出来。那什么才算是真正意义上的爱情?又是什么导致爱情发生?爱情对我们的人生发展会有何影响呢?

三更时分，外面刮起了大风，不一会儿电闪雷鸣，已而大雨倾盆。

天空噼里啪啦一声巨响，我蓦地被自己生娃的噩梦惊醒，额际的碎发已一片汗湿，又不自觉地摸了摸肚子。我坐了起来，感叹道："还好只是一场梦。"但心里还是感觉特不是滋味，此刻就想着尽快逃离这里。

不过，现在雷雨交加，我们今晚还能潜逃出去吗？

"师父，起来了吗？我们要走了。"悟空突然在房门外呼叫着我。

"好的。"我从未如此麻利过。

所有的担心都是虚惊一场，没想到这轰隆隆的雷雨声成了我们潜逃的最佳助手。

我们冒雨飞速前行，大概走了二十里地时，雷雨骤停。乡间夜路上又开始大雾弥漫，过一会儿就看不清前路了，悟空和悟净赶紧走上前，去开路。

悟能开始不安分地找我闲聊起来。

"师父，您不遗憾吗？"悟能惋惜地问道，"多可惜啊！我多想代替您出嫁啊！"

"出嫁？"

"不是不是，是代替您娶村主任，我就喜欢如花似玉的小娘子。"他贼笑道。

悟能真是色心不改，老毛病又犯了。

说着说着，我们就跟悟空和悟净走散了。

"敖烈,看见悟空他们了吗?"我俯身摸着敖烈的鬃毛问道。

"他们走得很快,转眼工夫就消失在浓雾中了。因为您一直在跟二师兄聊天,我没敢打断你们。"

"悟能啊悟能,你跟我在这废话连篇的,你看,误事了吧。"我有些埋怨地说道。

"对不起,师父,其实我是因为害怕,所以想跟您唠叨唠叨,这样我会好受点。"

"你害怕什么呀?"

"呜呜呜,我刚刚不小心喝了好多雨水,不知道会不会又怀孕了?我现在对这女儿村所有的水都产生了恐惧感。怀孕太难受了。"

"没关系,这次如果真怀上了,我们就让你把她生下来。"我偷乐着说道。

"不要啊,师父。"

还没等我调侃完悟能,只见红、橙、白三束纤细的光,宛如丝带般地飞向我,将我缠绕后,从敖烈的背上拉起,追风逐电般地消失在雾气中。顷刻间,我又被带回到了之前在村主任家住的那间屋子。三束光将我放下后,飞出了房间,只听见哐当一声,它们牢牢地把房门给锁住了。我试了试,门窗都打不开了。从门缝中可以隐约看见三色光渐隐渐现。它们应该是给整个房间做了结界。

这一连串的操作,悟能和敖烈都来不及做出任何反应。

我现在只想仰天长啸："悟空，你快回来，我一人承受不来……"

事已至此，我只能静静地望着窗外深邃的夜空，等候悟空他们的救援。说来也很奇怪，今晚三更开始，天气也太变幻莫测了吧！从狂风骤雨到浓雾弥散，再到现在的满天星辰与月色辉映。我总觉得哪里不对劲，就这么反复寻思直到天亮。

须臾之间，屋外热闹非凡，应该是村主任请来了布置婚礼现场的村民们。她们开始忙碌了起来，挂上了红红的灯笼，来彰显喜庆气氛。这可能也是她们几百年以来举办的首场婚礼吧，大家都显得格外激动和兴奋。

几位强悍的大妈猛地冲进了房间，还没等我缓过神来，二话不说就开始给我"梳妆打扮"起来。怎么感觉被悟能说中了，我这确实不像是娶老婆，而更像是"嫁人"啊！那以后到底是谁来生孩子啊？呜呜呜……

大妈们很粗暴地给我穿上了新郎的公裳后就离开了。

不过，怎么一直没见村主任的身影啊？

"唐长老，您都思虑了一晚上了，还在想什么呢？赶紧睡一会儿吧，过了今天，您可就是我的人了。"屋内突然传来了柔软而又妩媚的声音。

"谁？是谁在这里？"我一下警觉起来，"你是村主任？你怎么会在这个房间里面？"

只见屋内的木质梁柱后面，跳出了一只圆滚可爱的小兔子，毛茸茸的白毛长满在粉红色的皮肤上，一双红宝石般的眼睛被白毛包住，双耳足有三寸长，三瓣嘴唇在不停地耸动着说："是的，就是我。你想我了？"

不是因为她的话语打断，我差点儿就被她的萌呆迷惑住了。我有些不敢相信，揉了揉眼睛说："你昨晚一直都在房间里面？"

"对啊！自打您进到这个房间后，我就一直在这儿了。"

"你是偷窥狂吧？"我有些尴尬且气愤地说道。

"我们早就不听信于你们人类了，你们总是背信弃义。果不其然，您最终还是选择了仓皇出逃。我不会再重蹈先祖的覆辙。"

"姑娘，强扭的瓜是不甜的。"

"我不管，我非你不嫁。"她边说边变化成人形。

"你们当地本来就没什么嫁娶一说，你就放过我吧！"

"八百多年前，我原本是广寒宫的捣药玉兔，每天陪伴着嫦娥仙子，不停地在月桂树下捣药。一次，溜出宫门，偷逃下界，本可以用天竺国公主的身份嫁给那东土大唐的唐长老，谁知他那徒弟们坏我好事，害我被仙子收服回了广寒宫。苦闷许久的我，在一个月圆之夜，听见了西梁女王的哭诉，真是同病相怜。我几次私下凡间，我们开始互吐心事，渐渐地成了彼此的依靠，之后我们义结金兰。所以，在西梁女王驾崩之后，我也彻底抛弃了广寒宫的生活，下凡替她掌管了西梁女国，内心也希望有朝一日可以达成我们姐妹的共同凤愿。"她开始向我吐露心声。

"你之前说西梁女王是你先祖，那是骗我们的了？"

"我主要是怕说出我是一只800多岁的玉兔精的真相，会吓着您。"

"已经被吓着了，不过，您保养得还真好。"

在《西游记》里是有一只捣药玉兔精，她和天竺公主上演了一出真假公主。没想到后来她与西梁女王有了交集。难怪西梁女国会没落，女儿村的村民们会怕她。一个成天只想着嫁男人的妖精，如何治国安邦啊！

"我还要继续西行，反正不会娶您老人家的。"我很坚决。

"事已至此，您娶也得娶，不娶也得娶。反正我们马上就要拜堂了。"说完，就穿门而去，三色光尾随其后。

我又一次陷入思考当中，根据之前的经验，西行之路所遭遇到的妖怪们，其实都在映射我内在的心魔，那这次的心魔又是什么呢？

> 玉兔精是我们爱情（love）的化身。我们都想要拥有一个可以"同甘共苦"的伴侣，希望他经常陪在自己身边，生怕失去。特别是从青春期有了性意识的觉醒开始，在众多人际关系中，爱情逐渐成为我们重要的羁绊，甚至会影响我们的学业和选择。
>
> 爱情是什么？有人曾将繁体字的"愛"拆开为"心"和"受"两个字。可见，"心"之所"受"才是爱，也就是说，爱要用心去感受。而"情"为"心"与"青"的结合，《说文解字》注解："情，人之阴气有欲者。从心，青声。"所以，"情"就是内心有所欲求的隐性动力。因此，

> 爱情就是要用心去感受对方内心隐藏的欲求,也就是说爱情是跟对方有心灵的交流和互动,关怀对方,愿意为对方设想,心心相印。
>
> 那爱情是怎么形成的,或者说是什么导致爱情发生的呢?

在我还在困顿之时,房外忽然传来了厮杀声,莫非是悟空他们赶回来救我了?我欢欣雀跃地期盼着。

过了许久,悟空他们也被绑了进来。

"悟空,怎么回事啊?"我焦急地问道。

"师父,妖怪使的是一条名叫捣药杵的短棍兵器,它所形成的红、橙、白三色光,变化多端,您看我们也是被它变幻的三色绳索捆绑住了,真是束手无策啊!"悟空无奈地回应道,"而且这妖怪在天界的人脉还不错,雷公、电母、雨神和风神都助她。这也是我与你们走散后,去天界调查才知道的。"

难怪一晚上能发生这么多的风云变幻。

"师父,这次您可能得假戏真做了。"悟能用羡慕的语气补充道。

我怎么感觉他有些幸灾乐祸呢?

"闭嘴,呆子。"悟空替我教训了他。

完了完了,前几次被妖怪抓住,还会有落单在外的情况,可这次我们师徒五人无一幸免,都被那玉兔精"逮"齐了。现在只能仰天祈求哪位大罗神仙相救了，呜呜呜……

"师父，这妖精有些一反常态啊？"悟能忍不住对玉兔精分析道。

"怎么说？"

"您看，之前的妖精们都是为了吃您，说是吃了您可以长生不老。但是这次不但不吃，反而一定要嫁给您，她图什么呀？"

"这也是让我最困惑的地方，我貌不比潘安、才不比子建、富不比石崇，我也没有仙风道骨，可以助她飞天成仙。只知道当年她有过一段未了的情缘。"

"师父，那您是不是也有过这样的未了情缘呢？"悟能对情感问题是最敏感的，这句话似乎也深深勾起了我心中掩埋已久的情愫。

"其实我那个不叫什么未了的情缘，只能算是暗恋未果。"

"师父，您不妨细说看看，我想这玉兔精可能就在投射您的这部分心魔。不然，为什么我们师兄弟联手还敌不过她呢？"

悟能的猜想不无道理，这也是我刚才一直困惑的原因。

> 著名心理学家、美国康奈尔大学人类发展教授罗伯特·斯腾伯格（Robert Sternberg）于1986年提出了著名的爱情三元理论。他认为，爱情由激情、亲密和承诺三个成分组成，且三个成分中的每一个成分都能以不同形式使用。

"在刚上大一的时候，我就被班上的一个女同学所吸引。

说起外貌,她并不是那种第一眼就让人感到惊艳的类型,算是比较独特的那种,属于耐看型的。但是她由内而外散发出的那种气质,就完全不同于一般人了。站在一群人当中,你一眼就能找到她。所以,第一次看到她之后,我的视线就再也没有移开过。哪怕只是跟她擦肩而过都会心跳加速,没办法平静。"

"我可以作证,师父是有过这段强烈的情感需要。"作为我需求价值直接观测者的悟净回应道,他又对我说:"师父,如果以 0 到 100 分来评判您着迷的程度,您给自己打几分?"

"80 分吧!"

说到这,只听见门上发出"咔嚓"的一声,房屋四周那束红色的光抽离后,消失不见了。捆绑悟空他们的三色绳中红色的那一股绳也随即消失了。悟能提议的这个方法好像很有效。

> 爱情的第一个基石是激情。在我们的故事中,红色的光和绳是它的化身。它是一种情绪上的着迷,以外表吸引力和内在的魅力为驱力,表现为见到对方时的怦然心动、相处时的兴奋和身体欲望的激起等。我们爱情关系的"热度"就是来自于激情。

"嘉师弟,怎么一直没听你说过。"悟能八卦的心又开始澎湃了,接着阴阳怪气地对我说:"师父,您隐藏得够深啊,还有没有别的情感史呀?"

我立马给了他一个白眼。准备开骂……

"二师兄,您先让师父把话说完。"悟净赶紧出来打圆场。

我没再搭理他,继续说着这段暗恋史。

"我是一个情感被动型的人,虽然对她有强烈的情感,但是却一直无法鼓起勇气去表白。不过,上天还是蛮眷顾我的。大一开始,我们就缘聚于那个助人社团,被安排在了同一个教学小组。工作的交流让我们彼此更加熟络。特别是上了大三以后,她更是成为我的副手,共同管理社团事务。我们会尊重对方的想法,遇到困难会一起想办法去面对。我们开始变得越来越亲近,她已成为我工作和感情方面最重要的支撑。"

"除了家人以外,我曾经感觉到过师父有过一段与他人的亲近感,应该就是对这段感情。"悟能这方面最敏锐,急忙补充道。

"师父,如果以0到100分来评判你们的亲密程度,您打多少分?"悟净又赶紧追问道。

"40分吧!"

"师父,不算太高哦!"

"是的,因为我们一切的沟通都是在围绕工作进行的,所以内心还是有距离的。"

"您不愿意更亲近?"

"也不是,就是很担心。"

"您在担心什么?"

"我担心如果捅破了那层'窗户纸',我们会变得很尴尬,

可能连朋友也做不了了。况且除了工作以外,我感受不到太多她对我的激情和温暖。"

门上又发出"咔嚓"的一声,屋外那束橙色的光也抽离而去,捆绑悟空他们的那一股橙色绳也消失了。当我正准备去门边看看门锁能否打开的时候,玉兔精伴随一束白光忽然夺门而入。

> 爱情的第二个基石是亲密。在我们的故事中,橙色的光和绳是它的化身。它是两个人心理上互相喜欢的感受,以温暖、亲近和联结为情感,表现出热情、尊重、理解、包容、交流、支持及分享等特征。我们爱情关系的"温度"就是来自亲密。

"你们到底对我做了什么?"玉兔精很虚弱地说。

面对玉兔精的质疑,徒弟们都选择了沉默。红光和橙光的消失,看来已经削弱了她三分之二的法力。

"村主任,我正在给徒弟们讲述我的情感经历,没说您啊。"

"除了我,你现在不能想其他任何女人。"玉兔精很愤怒地说着。

"他妈都不可以吗?"悟能补充道。

"不可以。"玉兔精有很强烈的占有欲。

"您放心,我目前没有任何一段真正意义上的爱情。之前虽有过迷恋或喜欢的感受,但是却从未行动过。我总在想,如何真的决定开始这段感情,现在还在读大学的我,又没有经济来源,该如何维持?影响各自的学业怎么办?由于总是这么瞻前顾后、犹豫不决,始终没有勇气投身于这段感情。"

悟净因为害怕玉兔精选择了沉默,悟空见状,赶紧让我评分,说:"师父,如果以 0 到 100 分来评判您决定和努力的程度,您会给自己打几分?"

"0 分。"

"这部分我可以为师父作证,确实从未采取过任何行动。"作为我行动力代言人的敖烈回应道。

悟空也频频点头表示赞同。在这个环节,悟空和敖烈显得格外积极。

"你们不要再说了。"玉兔精已经变得奄奄一息了,那束最后剩下的白光也几乎消失殆尽。

"而对于初次相见的您来说,我一没有迷恋之情,二又没有喜欢之感,三更是没有努力之意。这一切只是您一厢情愿的迷恋罢了。何来爱情一说呢?"我还不忘对她严肃而理性地表达了一番。

这句话仿佛也共振到我的内心,其实我对待那位女同学的暗恋,可能也是自己一厢情愿的迷恋。我想这也是自己迟迟不敢去表白的真正原因吧。

房门"吧嗒"一声打开了,三色结界消失了,捆绑悟空他们那股白绳也消失了……

是什么坚定了我们的爱情?

爱情的第三个基石是承诺。在我们的故事中,白色的光和绳是它的化身。它是我们内心或口头对爱的预期,也就是我们承诺自己愿意为这段关系投入和付出的程度。它以开始一段关系的决定和维持这段关系的努力为认知,是爱情中最理性的成分。它表现为对关系有长期的投入计划、对彼此忠诚以及得到家人的支持等。我们爱情关系的"责任"就是来自承诺。所以,做出承诺也代表了一种选择,即我们主动地选择留在这段关系里,也就选择了"放弃其他可能的选择"。

斯滕伯格认为激情、亲密与承诺这三种成分的不同组合,可产生8种不同类型的爱情,见表14-1。大多数爱情都带有局限性,只有圆满之爱最持久,当三种成分都以高水平出现,并且在两人之间达到平衡时,就是圆满的爱情。

表14-1 爱情的分类

爱情的类型	激情	亲密	承诺
无爱	低	低	低
喜欢	低	高	低
迷恋	高	低	低
空洞之爱	低	低	高
浪漫之爱	高	高	低
友伴之爱	低	高	高
虚幻之爱	高	低	高
圆满之爱	高	高	高

注:斯腾伯格《爱情心理学(最新版)》,2010

最终,玉兔精被打回了原形,这次嫦娥仙子并没有下来接她,可能已经对她失望透顶。她也从玉兔变成了一只家兔,愿她安然地度过余生,下辈子不要再执念于自以为是的爱情。

我也开始试着选择放下这段隐藏多年的情感,这也跟我所处的人生阶段有关。

我们师徒五人整顿好了行李,告别了女儿村的村民们,继续怀揣着我们的理想,又要出发了……

> 在这一回中,唐轩臧西行的第六站面对的"心魔",就是感情生活对我们人生选择的影响。
>
> 透过玉兔精我们照见了自己内心的真实情感,但对该情感的判断依然离不开人格、兴趣、能力和价值观这四个自我概念的整合作用。斯滕伯格指出,爱情三元素中的"承诺"主要是认知性的,"亲密"是情感性的,而"激情"是动机性的。所以,在面对爱情做出判断时,兴趣和价值观可以用于判断我们"激情"和"亲密"的程度,能力和人格则可用于判断"承诺"的程度。当然,这些自我概念也可以用于判断我们其他人际关系的投入状态。这也符合美国著名心理学家、生涯发展理论的提出者唐纳德·舒伯(Donald Super)的观点,自我概念可在不同的生活角色中展现出来,而不只是工作者的角色。
>
> 不过,对处于中学或大学阶段的我们来说,如果能够同时强调男女间的友谊和伙伴关系,而不执着于"爱情",

那么我们便会有更多的机会从实际的交往过程中，了解并寻求到一位肝胆相照的刎颈之交或终身的伴侣。因为同性或异性的朋友对我们来说都很重要。然而，无论友谊或爱情都需要两相情愿，毕竟这是两个人之间的事情。处理好这些关系，不仅对我们的人生选择与发展会有所促进，还能减少它们对我们的消极影响。因此，古人才强调"友直，友谅，友多闻，益矣"（《论语·季氏》）、"君子之道，造端乎夫妇；及其至也，察乎天地"（《中庸》）。

综上所述，自我概念不但可以预测我们职业的状况，也可以运用在预测生活上。一般来说，能力与人格可以预测我们生活中的成就表现，兴趣与价值观则可以预测我们对生活的满意度。

最后，回到你自己身上，请问你现在是否决定进入或正在经历一段感情，不妨以 0 到 100 分来分别给你的爱情三元素打个分，并参照表 14-1，判断一下你的爱情类型。

激情：_____ 分

亲密：_____ 分

承诺：_____ 分

你的爱情类型：_____

第十五回　取得"真经"

行动中认回那个真实的自己

人生是规划出来的还是一步步走出来的？其实二者并不矛盾，毕竟所有的规划都是为了让我们开启有效的行动。生涯混沌理论告诉我们，要让我们的人生从"混乱"走向"有序"，最好先从当下自己可控的部分切入。

第十五回 取得"真经"

我们就这么一路降妖伏魔,展开了与我内在心魔的斗争。

暮去朝来,转眼五年过去了。悟空他们也渐渐羽翼丰满,成长了起来。我也从稚嫩走向成熟。我们师徒之谊已情深潭水、无法割舍。我已习惯了他们的存在。

直到有一天,我们的去路被一座一眼望不到顶的巨石山所阻断。这难道是天际的尽头?

突然地动山摇,整个山体发生了强烈的震动……

"地震了,我们赶紧跑到空旷地带,趴下。"我迅速呼喊道。

震动大概持续了十分钟,当我们再次站起来时,发现大地出现了一条百米宽、呈现扇形状的沟壑,我们的后路被阻断了,现在只剩下一条通往巨石山的道路。我们只能选择继续前行。

没想到的是,当我们走到山脚下时,发现山体正中央竟然震出了一个陷下去的巨大洞穴,洞穴上方清晰地刻着"无量洞"三个大字。原来此洞并非地震所致,而是原本就在这里,冥冥之中似乎就是在等着我们的到来。

我们进了山洞,越走四周越漆黑,凉飕飕的,不禁让人毛骨悚然。悟空不知从哪儿弄来了一个火把,才有了些许光亮和温暖。我们又继续走向了洞穴的深处。忽地一阵冷风从洞穴底部吹了过来,火把瞬间熄灭了,接着,一阵阵蓝光开始形成漩涡状,把我们笼罩在中间,突地一下,我们就消失了……

当我再次醒来时,我竟然趴在了学校自习室的课桌上。桌上摆满了英语、政治等各类考研的书籍。

这是怎么回事？到底发生了什么？难道我们刚才穿越了一条时空隧道，悟空他们呢？他们也穿越到了现代社会吗？

我赶紧向四周张望，并没有发现他们的身影。

"今天是几号了？"

"2003年10月23日。大四开学已经过了一个半月。那我的职业探索做了吗？"

回到寝室，我翻查着自己的资料。正如我在西行到狼牙山时变成猛虎后梦到的那样，专业对口的机构和职业、家族职业树我都已经做好了，相关职业的招聘材料、人物访谈报告我也已经整理成册了。再回想一下，过去一个月的实习辅导员工作，记忆犹新。

一个大胆的想法瞬间涌向我心头："难道我回来过？"

也许狼牙山那段就不是一场梦境。不过此时，我是回来了，还是没回来啊？这一切都不那么重要了，至少有一段记忆是深刻的。它改变了我实习前的决定。实习结束后，校外实习归来的她，主动向我"告白"了，她表达了希望我能与她一同留校读研的愿望。难怪我没去找工作，难怪我会出现在自习室。

> 生涯叙事理论的提出者赖利·寇克伦（Larry Cochran）认为生涯问题是事情的"是什么"与"应该是什么"之间的差距，也就是说，是事情的实际状况和理想状况两者之间的落差。而生涯规划的过程就是以实际状况为起始点，事情的理想状况为目的地。一般而言，目的地可以描绘为"在朝向期望未来的路上"。

> 不过，真实的人生往往不断变化且充满意外与转折，因为"计划赶不上变化"，古语云"天有不测风云"（吕蒙正《破窑赋》），所以，人生很难全然通过理性来预测和掌控，我们只能尽可能地规划未来。就像高考专业的选择，心理学家的研究发现，这在很大程度上取决于兴趣和能力、努力的程度、环境或工作以及运气或命运等四类因素，而自己真正可以掌握的只有兴趣、能力和努力的程度。因此，应对变化，古人才凝练出了"尽人事以听天命"（李汝珍《镜花缘》）、"谋事在人，成事在天，不可强也"（罗贯中《三国演义》）的智慧。

尽管距离考研考试已经时间不多了，仅剩下两个多月。我还是拼尽了全力去准备，最终，以失败告终。还真应验了那句，"努力也未必会成功"。多年以后，回顾这段经历，我自觉失败的原因不外乎两个：一是预留的时间不够，许多考研的同学最晚都是在大三开始准备的，如果是跨专业考研，会准备得更早；二是动力不足，一方面，相较于以科研为主的工作，我的内心还是更喜欢跟人互动的工作，另一方面，也希望自己能尽快找工作，以减轻家里的负担，毕竟读研也会花费家里不少的钱。

不过，因为她顺利考上了本校的研究生，当时失利的自己，被"爱"冲昏了头脑，打着为"爱"继续奋战的旗号，决定在学校附近租一间房，继续考研……

2004年，过完中国新年后，我就返校开始了没日没夜的考

研准备。说来也很奇妙，在专业课复习过程当中，对于死记硬背的知识，我越发厌倦起来，相反，对于这些知识的关联和应用成了我最痴迷的部分。所以，整个大四下学期的复习，竟成了我夯实专业基础最重要的时光，为我日后的专业应用打下了坚实的基础。俗话说："无心插柳柳成荫。"这一时期也促成了我人生中第一篇专业学术论文的完成，这篇文章一年后发表在了国内心理学界顶级的学术期刊上。

这半年，我发现自己已经把那份所谓的爱情抛之脑后了。

读研，真的是我目前最想要的生活吗？虽然我证明了自己有做研究的能力，但是我更享受这些成果的转化。这也是让我有动力去完成那篇学术论文的根源。所以对于当下的我来说，没有带着亟待解决的实际问题去读研，是我不愿意的。

> 王阳明说过："志不立，如无舵之舟，无衔之马，漂荡奔逸，终亦何所底乎？"（《教条示龙场诸生·立志》）

当我想到这里，突然感觉浑身都充满了能量，我知道悟空、悟能、敖烈和悟净他们回来了。其实，他们也跟着我穿越回到了现代社会。只不过，他们没有显现出来罢了！他们都在我的体内，当我做事感到很高效时，我知道这是悟空在起作用；当我很享受做事本身的时候，我知道这是悟能的作用；当我有满满的成就感时，我知道这是敖烈的作用；当我没有动力或被触碰到底线时，我知道这时悟净会起作用。

我想这就是这趟西行我所取到的"真经"。

> 我们每个人都是"取经人",而"真经"就在我们体内,"西游"就是通过与外部环境的互动来照见我们的"心魔",我们要有接受"心魔"的勇气,这样才有可能认回内在那个真实的自我。

当我还在犹疑是否坚持考研时,一个机会来了,助人社团里一个大三的师妹提供了一所高校的岗位需求信息——心理健康教育教师,这刚好符合我的求职预期。因为在大学期间积累了大量有关高校心理健康教育工作开展的实务经验,在经过几轮面试后,我也如愿拿到了人生中的第一张录用通知书,由此开启了我长达八年的高校教师生涯。

当然,我的最终决定也得到了她的理解。

> 机会永远都是留给有准备的人,所以我们"须知机不可失,时不再来"(《旧五代史·晋书·安重荣传》)。这与美国斯坦福大学教育心理学教授约翰·克朗伯兹所提出的偶发事件学习理论的核心观点——"幸运绝非偶然"一致。

现在十六年过去了,我已离开高校多年,如今成长为一名生涯规划领域的培训师、咨询师,也有了自己的小家庭。

徒弟们还会偶尔在梦境中出现,并经常戏问我:"回想当初

那个决定,您后悔过吗?"

"不后悔,用中国的老话说,也许我们真的是有缘无分吧!"我的答案从未变过。毕竟对于那个阶段的我来说,太渴望在社会中去证明自己的价值了。

到此,也许你会说,剧情该终了了吧?

其实,我的西行之路还没有结束,它仍在继续着。因为人生要进入下一个阶段了。不过,我已不再害怕各种"妖魔鬼怪"(心魔)的僭扰,因为我不再孤单,葛悟空(人格)、瞿悟能(兴趣)、竜敖烈(能力)和嘉悟净(价值观)一直与我一起并肩"作战"。

> 什么是"好的"职业选择?美国著名心理学家、生涯管理学家舒伯认为能满足特定生命阶段需求的职业就是"好的"职业选择。所以,抉择永远是当时当下的。但是许多人总把它的意义放大,当成这辈子唯一的抉择。

此时,耳边突然响起了1986版电视剧《西游记》的主题曲《敢问路在何方》:

你挑着担,我牵着马,
迎来日出送走晚霞。
踏平坎坷成大道,
斗罢艰险又出发,又出发。
……

(全剧终)

人生是规划出来的还是一步步走出来的？二者并不冲突，其实规划的最终目的就是为了让我们着眼当下，开启有效的行动。因为努力过，纵然不能按部就班地如己所愿，但至少有可能"踏破铁鞋无觅处，得来全不费功夫"（夏元鼎《绝句》）。

澳大利亚天主教大学教育学院教授、生涯混沌理论的提出者罗伯特·普赖尔（Robert Pryor）和吉姆·布赖特（Jim Bright）就指出，我们每个人的生涯发展都是非线性的动态变化过程，也就是一个小变化也会带来如蝴蝶效应般的大变化。听到这，你或许会困惑，那既然诸事无常，我们为什么还要这么努力地去规划未来呢？干脆什么都不要做得了。其实不然，中国古语就强调"千举万变，其道一也"（《荀子·儒效》）、"不离于宗，谓之天人"（《庄子·天下》）。德国作家赫尔曼·黑塞也说过："诚然，每个人的遭遇似乎都是命定的。然而，其中仍有无数的转机是取决于个人的。"

普赖尔和布赖特花了近十年的时间告诉我们，生涯的非线性发展是从"混乱"到"有序"的，那些看似充满变动、不稳定的表象中，其实已经蕴含了我们人生发展的路径。因为它们可能会与我们的人格、兴趣、能力以及价值观有关。所以，不管生涯再怎么充满变化，即使到了不同的地方、遇见不同的人，我们的自我概念或生命经验，仍旧会以各种形式陪着我们在生涯路上前进。因此，我们不得不从"外控"走向"内控"，毕竟我们可以掌握的就是我们自己。

言而总之，当我们拥有了更多掌控自我的机会时，就会更加积极主动地去负起自我存在的责任，而不是消极被动地去听天由命或怨天尤人。毕竟人生之路并不是老师或父母指定的，更不是命运安排的。至于如何负自我存在之责，我们就要回归到，美国斯坦福大学教育心理学教授克朗伯兹所总结的："生涯规划的目标不是做单一的生涯选择，也不是根据测评将人与职业的特征做静态的匹配，而是帮助我们学会采取有效的行动以求得满意的生涯发展，为此，我们就要学着投身到那些探索性的活动中，这是一条产生机遇的路径。"简言之，"与其坐而论道，不如起而行之"（《周礼·冬官考工记》）。

最后，回到你自己身上，你会发现，你很难计划，长大后你应该成为什么样子，毕竟人的控制力是有限的，但是我们却习惯于寻求确定性。事实上，生涯选择有时是没有逻辑可言的，它往往会受到政策、经济、科技、天气等因素的影响，而这些影响因素对我们也会有很大的个体差异。因此，在大部分情况下，理性的选择并不是那么可行，但偶发事件却无所不在。故而，面对未来的不确定性，你可以做些什么才更有可能让自己进入一个工作或专业呢？

第一，你必须采取行动，从事多元兴趣探索和能力提升的活动，对偶发事件保持警觉。

第二，你需要认识到，偶发事件不是危机而是新的可能性。所以，面对职业或教育世界的变化，你应该持乐观、好奇、开放、坚持和冒险的态度，去寻找偶发事件的线索。

第三，你不妨把偶发事件作为一次发展学习经验的契机，学习满足该偶发事件所要求的技能，累积"小行动"，创造机会。

后 记

POSTSCRIPT

路漫漫其修远兮

现在是 2020 年 03 月 16 日 00：16 分，在这个特殊的日子里，《大话生涯：自我发现之旅》一书终于完稿。

也许你会问，这个日子有什么特别的吗？

特别有二：

特别之一。在这个时期，更准确地说，是从 2020 年初开始，"新型冠状病毒"一词，每天充斥着我们的生活。确诊病例、疑似病例以及死亡病例每日在不断攀升。而为了防疫，全国各地封城封区，停工停产。13 亿人民就这样宅于家中，足不出户。让这个特别的冬天也显得格外漫长。此时，一个平日从未思考过的问题悄然走进了我们：是工作需要我们还是我们更需要工作？

面对难得的假期，我们过去的态度往往是"等到放假，我要天天躺在床上，啥也不干，放多久就躺多久"。可是当长假真的来临，我们终于实现了"在家躺着就能给社会做贡献"的梦想时，我们的态度却变成了"放我出去，我想上班"。工作的意义,开始得到了我们前所未有的关注。当然,这背后也会有因短时间内无法复工,房贷、车贷以及生活带来的生存压力。

对于大中学生而言,学校开设的各种形式的网课,也终于让他们实现了上"家里蹲"大学和"家里蹲"中学的梦想。在自我管理和父母监管的双重压力下,在解决防疫工作的社会现实需求下,他们也不得不开始思索学习的意义。毕竟学习的下一站是学以致用,就像奋战在防疫第一线的钟南山院士(84岁)和李兰娟院士(73岁)等工作者那样,找寻到自己在社会中的位置,融入"工作世界"当中,造福社会。

而我们今天的大部分学生,不到最后关头,一定是先过着"两耳不闻窗外事,一心只读圣贤书"的悠哉生活。直到雇主们给出"自我定位不清""工作认识不够""求职准备不足"等回应后,学生们才意识到原来应对一切问题的最佳方案是"预防胜于治疗"。但到那时已无后悔药可吃。当然,现实中也有一些总觉得自己家里"有矿",可以终身啃老的"慢就业族"存在。这些都成为当初我决定提笔创作此书的初衷。

特别之二。我完稿的今天,正巧是我女儿3岁的生日。不知道是上天的眷顾,还是因缘巧合。三年前的今天,也是我上一本书出版的日子。女儿三年的成长,其实最大的受益者是我和我的太太,因为她慢慢地教会了我们该如何去做好一位父亲和一位母亲,生涯体验终得以圆满。我想除了无尽的陪伴,对她我能做到的最大回报就是,用我的专业为她未来可能经历的各种人生选择,留下一些有借鉴价值的精神财富吧!我想这也是我完成此书重要的动力来源。

  创作的过程是痛并快乐着的。关于写作，曾经听到过一个很生动的比喻：撰写一本著作，好比孕育生命那般，至少要花费9个月的时间，且从你决定开始写作的第一天起就耗费着你的精力和思绪。全书创作分为两个阶段，第一阶段为构思准备阶段，从文献查阅到框架搭建历时两年多的时间。其实也不止这两年多，书中的专业指导部分，更融入了我从事生涯规划教学、培训和咨询工作十余年来所积累的实务经验。第二阶段为下笔行文阶段，过完大年后，我就开始凝神结思地投入写作，可能是之前一直在潜心思考和持戈试马的缘故，写作过程可谓一挥而就，仅用21天就完成了初稿。我记得很清楚，那是2月29日的傍晚时分。接下来，我又用了16天的时间修改润色，经过反复推敲，最终完稿。正所谓"路漫漫其修远兮"，这一路走来，真是感慨万千。

  最应该感谢的是那些书中提及的东西方大师们，他们凝练出的生涯智慧，给千千万万迷失的人们点亮了一盏明灯。由衷感谢澳门大学客座学者、台湾师范大学名誉教授金树人先生，南京师范大学教育科学学院顾雪英教授，英国杜伦大学商学院管延军教授和北京明光生涯教育创始人贾杰老师应允为本书作序。感谢清华大学学生职业发展指导中心副主任金蕾莅副教授在百忙中抽空为本书写了推荐语。感谢著名书法家吕庆中先生和张汉阳先生为本书题写了书名。同时，还要感谢机械工业出版社生活分社为本书"保驾护航"的王淑花社长，有了您的支持和付出，本书才能得以顺利出版。

当然,最需要感谢的是我的父母和太太,正是你们对我无私的关心和爱护,我才能潜心创作。特别是我的太太,写作的这段时间,她已然成为我最强大的精神后盾,每完成一篇稿件,她都会不辞辛劳地阅读,并提出许多建设性的意见。

最后,更要感恩你能选读这本书,更感恩我们能以这种特殊的方式在此相遇。鉴于笔者知识及水平所限,书中如有不妥之处,恳请各方专家和广大读者不吝指正。我的邮箱是:wushascat@126.com。

走,我们继续"西游"去。因为你的故事,才刚刚开始。

吴 沙

参考文献
REFERENCES

[1] 伯格. 人格心理学 [M]. 陈会昌, 译. 8 版. 北京: 中国轻工业出版社, 2014.

[2] 鲍利斯. 你的降落伞是什么颜色 (全新修订版) [M]. 李春雨, 等译. 北京: 中国友谊出版社, 2018.

[3] 费尔德曼. 发展心理学: 人的毕生发展 [M]. 4 版. 北京: 世界图书出版公司, 2007.

[4] 高桥宏幸. 我能做什么 [M]. 台北: 台英出版社, 1992.

[5] 加德纳. 智能的结构 [M]. 沈致隆, 译. 北京: 中国人民大学出版社, 2008.

[6] 加德纳. 多元智能新视野 (纪念版) [M]. 沈致隆, 译. 杭州: 浙江人民出版社, 2017.

[7] 格拉斯曼, 等. 走近心理学 [M]. 孙时进, 等译. 4 版. 上海: 复旦大学出版社, 2012.

[8] 鲍尔斯贝, 等. 生涯发展师学习手册 [M]. 金树人, 等编译. 台北: 测验出版社, 2012.

[9] 洪云, 吴沙. 生涯观的儒家文化本位思想研究 [J]. 心理学探

新，2011，31（5）：397-402.

[10] 黄希庭，郑涌．心理学导论 [M]．3 版．北京：人民教育出版社，2015.

[11] 金树人．生涯咨询与辅导 [M]．北京：高等教育出版社，2007.

[12] 凯尔西．请理解我 [M]．王晓静，译．2 版．北京：中国轻工业出版社，2001.

[13] 克虏伯，列文．永远相信，幸运的事情即将发生 [M]．李春雨，等译．北京：中国华侨出版社，2015.

[14] 柯永河．习惯心理学（理论篇）[M]．台北：张老师文化事业股份有限公司，1994.

[15] LIEBERT,et al．人格心理学：策略与议题 [M]．张凤燕，等译．台北：五南图书，2002.

[16] 林幸台，田秀兰，等．生涯辅导 [M]．台北：心理出版社，2010.

[17] 林一真，钟思嘉，等．生活彩虹：全人生涯开展 [M]．台北：心理出版社，2007.

[18] 马斯洛．动机与人格 [M]．许金声，等译．3 版．北京：中国人民大学出版社，2013.

[19] 梅．存在之发现 [M]．方红，郭本禹，译．北京：中国人民大学出版社，2008.

[20] 迈尔斯，等．天生不同：人格类型识别和潜能开发 [M]．闫冠男，译．北京：人民邮电出版社，2016.

[21] 彭聃龄．普通心理学 [M]．5 版．北京：北京师范大学出版社，

2019.

[22] 斯坦利. 百万富翁的智慧 [M]. 乐爱国, 等译. 北京：中国大百科全书出版社，2000.

[23] 斯腾伯格, 等. 爱情心理学（最新版）[M]. 李朝旭, 等译. 北京：世界图书出版公司，2010.

[24] SWANSON，et al. 生涯理论与实务工作：案例学习 [M]. 简文英，等译. 台北：巨流图书，2010.

[25] 吴沙. 遇见生涯大师 [M]. 北京：北京大学出版社，2017.

[26] 曾立胜. 多元智能与大学生的专业方向选择 [J]. 黑河学刊，2015，2：106-107.

[27] 张春兴. 心理学原理 [M]. 杭州：浙江教育出版社，2012.

[28] 郑石岩. 觉：教导的智慧 [M]. 北京：文化艺术出版社，1998.

[29] 朱湘吉. 生涯规划与发展 [M]. 台北：华立图书，2010.

[30] ARULMANI G, BAKSHI A, LEONG F, et al. Handbook of Career Development: International Perspectives [M]. New York: Springer, 2014.

[31] BROWN D. Career Information, Career Counseling, and Career Development [M]. 11th ed. Boston: Pearson, 2016.

[32] BROWN S D, LENT R W. Career Development and Counseling. Putting Theory and Research to Work [M]. New York: John Wiley & Sons, 2005.

[33] DITIBERIO J K, HAMMER A L. Introduction to Type in

College [M]. Palo Alto: Consulting Psychologists Press, 1993.

[34] KRUMBOLTZ J D. The Happenstance Learning Theory [J]. Journal of Career Assessment, 2009, 17(2): 135−154.

[35] MASLOW A H. A Theory of Human Motivation [J]. Psychological Review, 1943, 50: 370−396.

[36] PRYOR R, BRIGHT J. The Chaos Theory of Careers: A New Perspective on Working in the Twenty-first Century [M]. New York: Routledge. 2011.

[37] SHARF R S. Applying Career Development Theory to Counseling [M]. 6th ed. Belmont, CA: Brook/Cole, Cengage Learning, 2013.

[38] SUPER D E, SVERKO B, SUPER C M. Life Roles, Values, and Careers: International Findings of the Work Importance Study [M]. San Francisco: Jossey-Bass, 1995.

2019.

[22] 斯坦利. 百万富翁的智慧 [M]. 乐爱国, 等译. 北京：中国大百科全书出版社，2000.

[23] 斯腾伯格, 等. 爱情心理学（最新版）[M]. 李朝旭, 等译. 北京：世界图书出版公司，2010.

[24] SWANSON, et al. 生涯理论与实务工作：案例学习 [M]. 简文英, 等译. 台北：巨流图书，2010.

[25] 吴沙. 遇见生涯大师 [M]. 北京：北京大学出版社，2017.

[26] 曾立胜. 多元智能与大学生的专业方向选择 [J]. 黑河学刊，2015，2：106-107.

[27] 张春兴. 心理学原理 [M]. 杭州：浙江教育出版社，2012.

[28] 郑石岩. 觉：教导的智慧 [M]. 北京：文化艺术出版社，1998.

[29] 朱湘吉. 生涯规划与发展 [M]. 台北：华立图书，2010.

[30] ARULMANI G, BAKSHI A, LEONG F, et al. Handbook of Career Development: International Perspectives [M]. New York: Springer, 2014.

[31] BROWN D. Career Information, Career Counseling, and Career Development [M]. 11th ed. Boston: Pearson, 2016.

[32] BROWN S D, LENT R W. Career Development and Counseling. Putting Theory and Research to Work [M]. New York: John Wiley & Sons, 2005.

[33] DITIBERIO J K, HAMMER A L. Introduction to Type in

College [M]. Palo Alto: Consulting Psychologists Press, 1993.

[34] KRUMBOLTZ J D. The Happenstance Learning Theory [J]. Journal of Career Assessment, 2009, 17(2): 135−154.

[35] MASLOW A H. A Theory of Human Motivation [J]. Psychological Review, 1943, 50: 370−396.

[36] PRYOR R, BRIGHT J. The Chaos Theory of Careers: A New Perspective on Working in the Twenty-first Century [M]. New York: Routledge. 2011.

[37] SHARF R S. Applying Career Development Theory to Counseling [M]. 6th ed. Belmont, CA: Brook/Cole, Cengage Learning, 2013.

[38] SUPER D E, SVERKO B, SUPER C M. Life Roles, Values, and Careers: International Findings of the Work Importance Study [M]. San Francisco: Jossey-Bass, 1995.